마케터를
키우는
질문
들

스스로 성장하고 싶은 마케터가
꼭 던져야 할 27가지 물음표

마케터를 키우는 질문들

김민규 지음

미래의창

들어가며

▼

✉ Message   _ ↗ ×

안녕하세요. 고민 상담하고 싶어서 연락드려요. 저는 이제 막 경험을 쌓아가는 주니어 마케터인데요, 제가 지금 제대로 가고 있는 건지 모르겠어요.

툴은 제법 익혔고, 메시지도 여러 채널에 보내고 있습니다. 숫자 맞추는 건 당연한 일상이고요. 그런데 일을 하면서도 '이게 정말 내가 원했던 일인가?' 싶을 때가 있어요. 맨 처음에는 막막했는데, 갈수록 더 외롭고 혼란스럽습니다.

같이 취업 준비를 한 친구들한테 물어봐도 마찬가지예요. 어떤 친구는 아직 취준 중인데, 대행사가 좋을지 인하우스가 좋을지 고민하다 하루가 다 간대요. 또 다른 친구는 무작정 지원서부터 넣어야 할지, 차근차근 준비해야 할지 모르겠다고 합니다.

신입일 때 빠르게 이직하자 싶다가도 막막한 마음부터 들어요. 남들은 다 대기업 다니는데 저만 여기서 뭐 하고 있나 싶기도 하고……. 일은 하는데 성장은 잘 안 보이고, 성과를 만들고 싶은데 뭘 어떻게 해야 '성과'가 되는지도 아리송해요. 요즘은 네트워킹도 필수잖아요. 거기에 포트폴리오도 정리해야 하고, 셀프 브랜딩도 놓치면 안 된다고들 하고요.

제가 진짜 혼란스러운 이유는……. 대체 무엇부터, 어디까지, 어떻게 해야 좋은지를 아무도 안 가르쳐준다는 거예요. 스펙보다 태도가 중요하다는 말도 물론 들었죠. 그런데 그 '중요하고 좋은 태도'가 정확히 뭘 말하는 건지 모르겠어요.

왠지 남의 일이 아닌 것 같다는 생각이 든다면, 환영합니다. 이 책은 이런 고민의 굴레에 빠진 주니어 마케터들을 위한 책이거든요. 마케터의 길을 선택한 주니어 분들이 품기 마련인 질문에, '지극히 현실적이고 명확한' 답을 달아주고 싶다는 마음으로 차근차근 써 내려갔습니다. 마케팅을 막 시작한 분들이 조금이

나마 덜 헤맬 수 있도록, 또 '나만 헤매는 중일지도 모른다'는 불안을 한 꺼풀 내려놓을 수 있도록요.

저는 마케팅 업계에서 9년간 일했습니다. 그동안 수많은 주니어를 만나 이야기를 나누고, 경험을 공유하고, 고민을 해결하며 적극적으로 방향을 찾아왔어요. 이 활동을 지속하다 보니 오픈 채팅방이나 SNS 메시지, DM, 화상채팅 등으로 상담 신청을 하는 분들도 점점 늘어났죠. 대부분 갈피를 잡지 못한 주니어 분들, 취업이나 이직을 다짐한 분들이었습니다. 작정하고 세어본 적은 없지만 수백 명은 될 거예요.

고민 상담을 본격적으로 이어가면서는 대기업과 스타트업을 아우르는 동료 마케터들도 만나 인터뷰했습니다. 훌륭한 선배들의 인사이트를 참고하고 싶었거든요. 인터뷰를 진행하고 경험담을 듣는 동안 저 또한 끝충 성장할 수 있었습니다. 고민과 경험을 나누며 길을 찾는 일 자체가 건강한 순환처럼 자리 잡아 저의 동력이 되어줬어요.

이 책은 그 모든 과정을 모아 만든 현실적인 가이드북입니다. '어학과 학벌이 마케터에게 얼마나 중요할까?', '콜드 메일이 정말 통할까?', '네트워킹이 꼭 필요할까?'처럼 주니어 분들이 시기별로 가장 고민하는 주제들을 제시한 후, 제가(그리고 앞서 이 길을 통과한 선배들이) 발견한 나름의 답을 달아뒀습니다. "현실적인"이라는 표현을 강조하는 만큼, 제 치부와 속마음까지 숨기지 않고 썼어요. 뻔한 메시지와 멋진 성공담 대신 진솔한 경험을 전하고자 했습니다. 모두가 궁금해하지만 아무도 명확히 대답해주지는 않는 주제들을 꼭 짚어내고 싶었거든요.

책의 구성은 시간의 흐름을 따라갑니다. 먼저 **1장: 마케터란 무엇인가**에서는 우리가 되고자 하는 마케터가 어떤 모습인지를 명확히 하고, 마케터라는 이름표에 숨은 본질을 다시 묻습니다. **2장: 시작을 준비하며**에는 취업에 필요한 방향성과 전략을 모아뒀어요. **3장: 첫걸음 그리고 성장통**에는 이제 막 커리어를 펼치며 풍파를 맞기 시작한 주니어를 위한 가이드를 담았습니다.

4장: 성과를 만드는 사람에서는 결과로 말해야 하는 시기에 어떻게 성장하고 실력을 증명할지에 대한 이야기를 나눕니다. 마지막으로 **5장: 나를 알리고 연결하는 법**에서는 관계, 네트워크, 셀프 브랜딩까지 아우르는 실질적인 전략을 소개합니다.

이 다섯 단계는 마케터라면 누구나 한 번쯤 거치는 고민의 시기예요. 조금은 불안하고, 조금은 헷갈리고, 조금은 걸음이 느려질 수 있습니다. 하지만 모든 과정을 건강하게 통과해낸다면 결국 '나만의 커리어'를 확립할 수 있을 겁니다. 사실 가장 불안하고 현실적인 질문을 던지는 작업이야말로 주니어의 폭발적인 성장을 견인하는 촉매제거든요. 여러분은 가속 성장의 순간을 코앞에 둔 셈입니다. 저는 그 순간으로의 든든한 도약을 돕기 위해 이 책을 썼습니다.

같은 고민을 먼저 겪어본 마케터들의 인사이트가 필요한 날이나 방향을 점검하고 싶은 순간에 꼭 한 번 책을 펼쳐보세요. 여러분에게 위로와 용기, 확신을 주는 도구가 된다면 더할 나위 없이 기쁘겠습니다.

이제, 여러분의 진정한 성장에 거름이 되어줄 질문들을 하나씩 들여다볼까요?

차 례

3 첫걸음 그리고 성장통
현실과 선택의 기로에서 들여다볼 질문들

4 성과를 만드는 사람
성장의 공식을 찾는 질문들

5 나를 알리고 연결하는 법
확장의 전략을 위해 필요한 질문들

마케터란 무엇인가

직업을 정의하고
방향을 설정하는 질문들

- ✓ 왜 마케터가 되어야 할까요?
  선배로서 장점을 알려주세요

- ✓ 아무것도 준비 못 했는데,
  뭐부터 시작해야 할까요?

- ✓ 마케터에겐 어떤 역량이 중요한가요?

- ✓ 이 많은 일 중에서, 저는 어떤 마케터로
  성장할 수 있을까요?

왜 마케터가 되어야 할까요?
선배로서 장점을 알려주세요

사실 저도 처음부터 마케터를 꿈꾼 건 아니었습니다. 사람 만나는 걸 좋아하니 영업에 적성이 있다고 생각했고, 깊은 고민 없이 그 길을 택했죠. 첫 직장은 피혁 소재를 납품하는 중소기업이었어요. 글로벌 패션 브랜드와 협업한다는 말에 이끌려 들어섰는데, 실제 업무 내용이 제 상상과는 아예 달랐습니다. 생산공정 점검과 납품 일정 관리가 주요 업무였거든요. 결국 6개월도 지나지 않아 퇴사했습니다.

새로운 길을 찾는 과정에서 눈에 들어온 게 '마케팅'이었습니다. 처음엔 정확히 무슨 일을 하는 건지 몰랐지만, 그럼에도 소비자의 행동을 읽고 설득한단

점이 흥미롭게 다가왔습니다. 물건을 직접 영업하는 대신 마음을 움직이는 전략을 세우는 일이라니 호기심이 생겼죠.

그렇게 시작한 마케터의 길, 어느덧 9년째입니다. 지금은 확실하게 말할 수 있습니다. 마케터라는 직무가 가진 강점은 생각보다 훨씬 크고, 앞으로도 무궁무진한 기회가 열려 있다는 것을요.

마케터의 일이 매력적인 이유, 세 가지

단순히 '재미있어 보인다', '창의성을 발휘하는 업무다'라는 인상만으로는 부족합니다. 마케터라는 직무가 지금 시대에 특히 매력적인 이유는 구조적으로 유리한 세 가지 특성에 있습니다.

1. 모든 비즈니스의 중심은 마케팅으로 수렴한다

회사의 예산 흐름을 보면 조직의 우선순위를 알 수 있죠. 상황에 따라 다르긴 하지만, 보통은 예산 중 상당 비중이 마케팅에 쓰입니다. 지금은 특히 마케팅의 힘이 중요한 때입니다. 좋은 제품과 서비스 자체가 경쟁력이 되는 시대는 이미 저물었으니까요.

SNS와 숏폼 콘텐츠의 발달, 인플루언서 시장의 확대 등은 소비자의 관심을 얻는 방법을 완전히 바꿨습니다. 이제는 아무리 질 좋은 신제품이라도 2~3개월 안에 주목받지 못하면 금세 잊히고, 경쟁 브랜드에 묻혀버려요. 요즘 소비자는 광고보다 피드 속 추천, 내가 팔로우하는 인플루언서의 한마디, 재미있는 숏폼 영상에 더 크게 반응합니다.

이렇듯 채널과 소비자 행태가 빠르게 변화하다 보니, 기업들은 마케팅을 다각도로 생각하며 많은 예산을 투입할 수밖에 없습니다. 많은 회사가 예전보다 훨씬 과감하게 마케팅에 투자하고 있어요. 결국 마케터들이 수익의 최전선에 서게 되었죠.

오늘날 마케터는 단순히 '예산을 잘 쓰는 사람'이 아닙니다. 돈을 써서 돈을 벌어내는 경험을 축적하는 사람입니다. 예산 집행, 데이터 기반 의사 결정, 전환 전략 설계, 매출 연결……. 이 모든 경험이 쌓여 커리어의 핵심 자산이 됩니다. 다른 직무와 확연히 차별화되는 부분입니다.

실무 TIP   초년생 마케터라면 '예산 집행 리포트'를 반드시 챙기세요. 단순히 지출 금액만 기록하는 대신, "100만 원을 써서 500명의 신규 유입을 만들었다" 같은 ROI* 관점으로 정리하면 본인만의 데이터 자산이 쌓입니다.

2. 정답보다 해석력이 중요하다

마케팅에는 교과서적인 정답이 없습니다. 같은 고객이라도 브랜드·시즌·메시지에 따라 반응이 달라지기 때문이죠. 그렇기에 수치를 분석하는 데서 그치지 않고, 문제를 정확히 정의한 후 그에 맞는 해결책을 기획하는 힘이 필요합니다.

예컨대 어떤 시즌에는 "최대 할인"이라는 직설적인 메시지가 좋은 반응을 이끌어내지만, 다음 시즌에선 오히려 "한정 수량·한정 기간"이라는 희소성 메시지가 폭발적인 전환을 만듭니다. 고객은 늘 같은 논리로 움직이지 않습니다. 계절, 사회적 분위기, 경쟁사의 프로모션, 심지어 그때그때 유행하는 밈Meme까지

---

*   ROI Return on Investment   투자 대비 수익이 얼마인지를 보여주는 지표예요. '이 캠페인에 돈을 쓴 보람이 있었나?'를 판단할 때 쓰죠.

도 고객의 반응에 영향을 줍니다.

즉 마케팅에는 'A를 하면 무조건 성공한다'는 공식이 없습니다. 상황을 해석하는 힘이 없으면, 똑같은 액션에도 결과는 천차만별이 돼요. 이건 AI가 쉽게 대체하지 못하는 영역입니다. 사회적인 맥락과 비언어적 신호를 읽는 능력은 인간이 훨씬 뛰어나니까요.

> **실무 TIP** 데이터를 볼 때 단순히 "CTR**이 올랐다/떨어졌다"로 끝내지 말고, '왜 그런 변화가 생겼는지→ 다음에는 어떤 메시지를 써야 할지'까지 꼭 적어보세요. 이 과정을 반복하면, 패턴을 읽는 눈과 맥락을 해석하는 힘이 가파르게 성장합니다.

3. 경계를 넘나드는 기획 경험이 쌓인다

마케터는 한 영역에만 머무르지 않습니다. 브랜딩 팀과 톤앤매너를 맞추는 동시에 퍼포먼스 마케팅 팀과 예산 효율을 계산하고, 데이터 분석 회의에 참여하고,

---

** **CTR** Click Through Rate(클릭률) 광고나 메시지를 본 사람 중 실제로 클릭한 이들이 얼마나 되는지를 따지는 비율이에요. '관심은 있는데, 행동까지 했는가?'를 보는 기본적인 효율 지표죠.

동시에 개발자에게 '푸시 알림을 이런 UX*로 바꿔야 고객이 덜 이탈한다'는 의견을 내기도 하죠. 이렇게 다양한 협업을 거치는 동안 자연스럽게 조율 능력·전략 감각·문제 해결 능력이 자라나고, 끝내 단순한 집행자를 넘어 기획의 총괄자로 성장하게 됩니다. 이건 제가 실무에서 체감한 마케터 직무의 가장 큰 매력입니다.

이런 협업 경험은 마케팅 영역에서만 의미 있는 게 아니에요. 기획·조율·전략을 오가며 쌓은 메타 스킬은 어떤 직무나 프로젝트에서도 통하는 범용 능력으로 자리 잡습니다. 커리어를 길게 가져가려면 특정 분야의 스페셜리스트가 되는 것도 중요하지만, 다양한 언어를 이해하고 연결하는 제너럴리스트적 감각이 반드시 필요합니다. 마케터는 이 능력을 누구보다 빨리 체득할 수 있는 직무입니다.

실무 TIP 협업 회의에서 '내가 이 회의의 연결고리다'

---

* UX User Experience 사용자가 서비스를 이용하면서 느끼는 '전체 경험'을 말합니다. 버튼 위치, 문구, 반응 속도가 전부 포함된 사용자 만족도의 핵심이에요.

라는 태도로 임해보세요. 디자이너와 퍼포먼스 마케터, 브랜드 매니저는 각자 다른 언어로 말합니다. 그걸 조율해 한 장의 실행 플랜으로 정리할 줄 알아야 해요.

실무자로서 체감한 '진짜 장점'

앞서 설명한 구조적인 매력 외에도, 저는 실무자로서 두 가지의 뚜렷한 장점을 체감합니다.

첫째는 '세상을 공급자의 시선으로 볼 수 있다'는 겁니다. 마케터는 고객을 설득하기 위한 기획과 실행을 담당합니다. 기획 → 제작 → 운영 → 분석의 사이클을 반복하며 브랜드의 의도를 몸소 학습하죠. 그 결과 일상에서 광고나 캠페인을 보더라도 단순히 '재밌네'가 아니라, "이 카피는 전환율**을 노린 결과구나",

---

** **전환율** 방문자 중에서 구매나 가입 등 '원하는 행동'을 한 이들이 실제로 얼마나 되는지를 보는 비율입니다. 광고 혹은 페이지가 '얼마나 행동을 유도해냈는가'를 보여주는 지표예요.

"이 프로모션은 리텐션* 목적이네!"처럼 전략적인 시선을 갖게 돼요.

두 번째 장점은 '평생 써먹을 수 있는, 이식 가능한 능력이 생긴다'는 겁니다. 마케팅은 특정 산업이나 직무에 국한되지 않습니다. 직장인의 길을 걷든, 프리랜서가 되든, 창업을 하든……. 어떤 상황에서도 필요한 스킬이죠. 마케팅을 이해하면 퇴직 이후에도 본인의 전문성을 살려 강의나 콘텐츠 제작, 컨설팅을 진행하며 새로운 수익원을 만들 수 있어요.

실무 TIP 지금 회사에서 담당하는 캠페인을 '내 사업'이라 생각하고 기록해보세요. 어떤 메시지가 고객을 움직였는지, 어떤 채널이 전환에 유리했는지 남겨둔 기록은 훗날 나만의 사업이나 부업을 할 때 매뉴얼이 되어줍니다.

결국 마케팅 경험은 두 가지를 가능하게 합니다. '수익 파이프라인의 다양화'와 '커리어의 생존력 확보'

---

* **리텐션** Retention 한 번 왔던 사용자가 얼마나 오래, 또 얼마나 자주 다시 찾아오는지를 가리키는 용어입니다. '유입보다 유지가 어렵다'를 보여주는 핵심적인 지표죠.

예요. 본업 외에도 콘텐츠를 만들거나 부업을 하는 데 든든한 기반이 되어주고, 조직을 떠나서도 나만의 무기를 갖출 수 있도록 도와주는 셈이죠.

저는 마케터를 준비하는 분들에게 이런 질문을 건네고 싶습니다.

▸ 팔리는 기획과 보여지는 콘텐츠를 배우고 싶은가?
▸ 데이터를 해석하고, 사람의 행동을 읽는 힘을 갖고 싶은가?
▸ 다양한 직군과 협업하며 전체 그림을 보는 감각을 얻고 싶은가?
▸ 지금의 회사 경험을 내 인생의 실험실로 활용하고 싶은가?

그렇다면 미게터라는 직무는 인생 전반의 전략적 선택이 될 수 있어요. 제가 그 증인입니다. 마케팅은 저를 성장시켰고, 앞으로도 저의 가장 강력한 커리어 기반이 되어줄 겁니다.

아무것도 준비 못 했는데,
뭐부터 시작해야 할까요?

모든 사람은 기본적으로 소비자입니다. '일상'이라는 단어에서 연상되는 모습을 한번 그려보세요. 일상 속 사람들은 늘 TV 프로그램과 영화, 유튜브 콘텐츠를 소비합니다. 맛있는 음식을 먹고 멋진 옷을 사 입으며 기업이 제공하는 수많은 제품과 서비스를 경험하죠. 이처럼 대부분의 사람은 소비자로서의 관점에 훨씬 익숙한 상태로 일상을 살아갑니다.

그런데 마케터로 일하다 보면 세상을 대하는 관점이 완전히 바뀝니다. 소비자로서의 관점은 흐릿해지고 공급자의 시선을 갖게 되거든요. 수동적으로 받아들이는 위치에서 벗어나 능동적으로 기획하고 설득하는 위치로 포지셔닝*이 교체되죠.

마케터는 고객의 니즈를 발견한 후, 자사 제품이나 서비스로 해결할 수 있다고 설득하는 사람입니다. 다시 말해 '문제를 정의하고 솔루션을 제시하는 능력'이야말로 마케터의 본질적 업무이자 핵심 가치예요. 아무것도 준비하지 못한 상태라면 이 능력부터 갈고닦는 게 급선무겠죠. 문제는 이 능력, 결국 '실무 경험'에 가까운 무언가를 도대체 어떻게 쌓느냐는 겁니다.

실제 채용 과정에서 회사는 지원자에게 이런 질문을 던집니다.

▶ 이 지원자가 고객의 문제를 정의하고 설득해본 경험이 있는가?

▶ 당장 입사해서 매출을 만들 역량이 있는가?

마케팅에는 이를 객관적으로 증명해낼 수 있는 자

---

* **포지셔닝**Positioning   시장에서 우리 브랜드가 어떤 이미지로 자리 잡고 있는지를 말합니다. '소비자의 머릿속에 우리를 어떻게 기억시키고 싶은가?'의 문제예요.

격증이나 공인된 기준이 없습니다. GAIQ*, SQLD**, 컴퓨터활용능력 같은 자격증은 어디까지나 보조 능력일 뿐, 본질적인 역량인 문제 정의력과 설득력을 증명해주진 못합니다. 결국 채용 현장에서 가장 중요한 건 '실제로 고객을 설득하고 매출을 만들어본 경험'입니다.

하지만 처음부터 그런 실무력을 가진 사람은 많지 않겠죠. 신입이라면 더더욱요. 저 역시 첫 직장에서부터 마케터였던 것도 아니고, 풍부한 경험을 갖춘 채 마케팅에 도전했던 것도 아닙니다. 오히려 그래서 더 확실하게 말할 수 있어요. 실무 경험은 스펙이 좌우하지 않습니다. 혼자서도 만들어내고 가꿀 수 있는 영역입니다.

---

* **GAIQ** Google Analytics Individual Qualification 구글 애널리틱스 자격증이에요. 데이터 기반 마케팅을 하고 싶다면 초반에 따두는 게 좋은 기본 자격이죠.

** **SQLD** SQL Developer 데이터베이스 관리 자격증이에요. 마케터가 데이터를 직접 다루려면 기초 SQL 지식은 필수라, 공부용으로 좋습니다.

일상에서 실무 경험을 기르는 법

경력이 없는 신입인데, 어떻게 경력을 쌓으란 걸까요? 말마따나 쉽지는 않습니다. 하지만 방법을 찾아보도록 하죠. 저의 팁 보따리를 한번 풀어보겠습니다.

1. 억지로라도 좋으니 '업무 맥락에 가까운 경험'을 만들 것

인턴을 해본 적도 없다고요? 괜찮습니다. 사무보조, 계약직, 아르바이트라도 좋습니다. 중요한 건 어떤 자리든 '마케터의 관점으로 재해석하는' 태도입니다.

예를 들어 여러분이 취업을 준비하며 집 근처의 개인 카페에서 아르바이트를 하는 상황이라고 가정해 봅시다. 이때는 음료를 만들고 내어주는 업무에서 한 걸음 더 나아가세요. 매장의 인스타그램 계정을 소소하게 굴려보거나 디저트, 굿즈의 진열 방식을 바꿔보며 매출 변화를 추적하는 겁니다.

손님들의 피드백을 모아본 후, 반응이 좋은 메뉴를 기획 제안하는 것도 하나의 방법입니다. 이런 작은 시도들이 결국 '내가 고객을 설득해본 경험'으로 전환되거든요. 어마어마한 성과가 없어도 괜찮습니다. 문

일상에서 마케터의 감각을 기르는 법

상황	마케팅과 관련 있는 업무	성과 체크
카페 아르바이트	매장 인스타그램 운영	고객 반응 확인
편의점 아르바이트	진열대 배치 변경, 베스트셀러 코너 기획	매출 변화 관찰, 인기 상품 분석
동아리 활동	행사 홍보 포스터 제작, SNS 홍보 콘텐츠 운영	참여율 증가, 홍보 효과 검증
온라인 중고거래	상품 설명 카피 작성, 사진 촬영 방식 실험	조회 수 및 거래 성공률 확인
블로그 운영	특정 주제 리뷰, 정보성 포스팅 작성	조회 수·댓글 수 분석, SEO* 경험

제를 발견하고, 개선하려는 시도 자체가 실무 감각입니다.

실무 TIP 이런 경험은 꼭 기록해두세요. 매출 변화를

---

* **SEO** Search Engine Optimization 검색엔진 최적화, 즉 '검색 상위 노출'을 위한 전략이에요. 콘텐츠 기획부터 키워드, 제목, 구조까지 모두 포함하는 개념이죠.

간단한 표로 정리하거나, 고객 반응을 관찰한 메모를 남기는 것만으로도 훗날의 포트폴리오가 풍성해집니다.

2. 개인 SNS 계정을 '콘텐츠 실험실'로 활용할 것

가장 현실적이고 누구나 당장 시작할 수 있는 방법입니다. 유튜브, 틱톡, 인스타그램, 네이버 블로그 등 다양한 플랫폼에서 계정을 브랜드처럼 직접 운영해보세요. 가령 브랜드 마케터를 꿈꾼다면 계정의 콘셉트와 톤앤매너를 설계하고, 브랜드 스토리를 기획해보는 겁니다. 콘텐츠 마케터를 꿈꾼다면 직접 콘텐츠를 기획·제작해 업로드하고 반응을 분석하며 감각을 키워냅시다. 퍼포먼스 마케터를 꿈꾼다면 소액 광고를 집행해 타깃 세팅, A/B 테스트**, 전환 목표 설정을 경험해보세요.

계정의 테마가 꼭 서창할 필요도 없습니다. 억지로 이슈를 따라가려 하지 말고, 마이너하더라도 내 관심사와 연결된 주제를 고르세요. 그래야 꾸준한 운영이

** **A/B 테스트** 두 가지 버전(A안·B안)을 비교해서 어떤 버전이 더 성과가 좋은지 데이터로 검증하는 방법이에요.

가능합니다. 예컨대 축구를 좋아한다면 해외 축구 일정과 소식을 정리하는 계정, 러닝을 좋아한다면 코스 추천이나 준비물을 공유하는 계정을 만드는 겁니다.

이렇게 운영 과정을 한 사이클 돌려보는 것만으로도 기획·운영·분석의 전 과정을 경험할 수 있습니다. 팔로워가 많지 않아도 무방합니다. 100명의 팔로워와 소소하게 굴러가는 계정이라 해도, '어떤 전략으로 키웠는지, 어떤 콘텐츠가 반응을 끌어냈는지, 왜 그런 결정을 했는지'를 말할 수 있다면 채용 과정에서 분명 눈에 띄는 강력한 스토리가 될 겁니다.

실무 TIP 운영 과정에서 스치는 단상들을 꼭 메모해두세요. "이런 이슈가 있어서 관련 주제를 빠르게 다뤄봤더니 도달률*이 늘었다" 같은 메모가 곧 실무의 감각으로 연결됩니다.

마케팅 직무는 진입 장벽이 아니라 '경험 장벽'이 높은 직무입니다. 경험을 어떻게 쌓느냐, 그리고 그것

---

* **도달률** Reach Rate 콘텐츠나 광고가 실제로 몇 명에게 닿았는지를 비율로 보여주는 겁니다. '얼마나 많은 사람이 봤는가'에 집중한 지표예요.

을 어떻게 말할 수 있느냐가 관건입니다. 인턴 경력이 없어도, 스펙이 평범해도, 여러분은 실무 경험을 직접 만들어낼 수 있습니다. 조금 억지스럽거나 서툴러 보여도 괜찮습니다. '고객을 설득하고 매출에 기여해본 경험'이라는 본질을 염두에 두고 차근차근 구성하면 됩니다.

지금 당장 SNS 앱을 켜보세요. 그 계정이 여러분의 첫 실무가 되어줄 거예요.

마케터에겐
어떤 역량이 중요한가요?

마케터에게 요구되는 역량이라 하면 누구나 떠올리는 몇 가지가 있죠. 우선은 협업 역량과 커뮤니케이션 능력입니다. 다양한 부서와 협업하는 만큼, 갈등을 조율하고 의견을 정리하는 일은 마케터의 일상이라 해도 과언이 아닙니다. 여기에 트렌드를 읽는 눈과 일정 관리 감각까지 갖춰야 해요. 또 브랜드·콘텐츠·퍼포먼스·CRM 등 세부 직무별로 우선순위가 다르기도 하고요.

하지만 저는 이 모든 걸 관통하는 마케터의 '본질적 역량' 두 가지가 있다고 생각합니다. 바로 호기심과 인내심입니다.

호기심: 끝까지 파고드는 질문의 힘

여기서 말하는 호기심은 "궁금한데?" 정도에서 끝나는 수준이 아닙니다. 하나의 현상을 보고 "왜 그럴까?"를 다섯 번, 열 번 이상 집요하게 질문하는 태도를 말해요.

A라는 브랜드가 대형 옥외광고를 진행했다고 가정해봅시다. 대부분은 그냥 지나치겠지만 마케터는 이렇게 질문해야 합니다.

- ▶ 왜 지금 이 시기, 이 장소를 선택했을까?
- ▶ 저 메시지를 쓴 이유는 뭘까?
- ▶ 이 광고를 본 고객은 어떤 반응을 보일까?
- ▶ 노출이 목적일까, 전환이 목적일까?
- ▶ 이 캠페인 예산은 얼마였을까? ROI는 나왔을까?

이런 질문을 따라가다 보면 광고 전략의 배경과 맥락을 추론할 수 있고, 자신의 상황에 맞게 응용할 수도 있습니다. SNS 광고 하나를 보면서도 "왜 저 이미지를 메인에 걸었을까?", "CTA 버튼* 문장은 왜 저렇게 구성했을까?"를 질문할 수 있게 되는 거예요.

> **실무 TIP** 일상에서 광고나 캠페인을 보며, "내가 이 회사의 마케터라면 어떻게 다르게 기획했을까?"를 질문하고 기록해두세요. 기획 감각을 키우는 가장 직관적인 훈련입니다.

인내심: 반복과 비효율을 견디는 힘

제가 마케팅을 막 시작했을 때 가장 당황스러웠던 점은, 겉으로는 화려해 보이는 일이 실제로는 수많은 반복과 정리의 연속이었단 사실입니다. 캠페인 데이터를 수천 개씩 내려받아 손으로 정리하고, 스프레드시트에서 이상치 하나를 찾느라 몇 시간을 보내는 날이 허다했습니다.

하지만 바로 이 과정이 마케터를 단련시킵니다. 고

---

*   **CTA 버튼** Call to Action   사용자의 행동을 유도하는 버튼이에요. '지금 구매하기', '자세히 보기' 같은 문구들이 대표적입니다.

객은 절대 정답을 말해주지 않습니다. 툴도 결과만 보여줄 뿐입니다. 결국 비효율적인 반복을 통해 직접 데이터를 다뤄봐야만 고객의 진짜 행동을 읽을 수 있습니다. 그러는 동안 서서히 쌓이는 것이 바로 흔히들 말하는 수작업 감각이에요. 얼핏 단순 반복처럼 보이는 업무라도, 처음부터 끝까지 하나하나 직접 해결하는 경험이 '어떤 문제라도 붙잡고 풀어낼 수 있다'는 자신감을 만들어줍니다. 새로운 도전 앞에서도 '일단 해보면 길이 열린다'는 단단한 태도를 갖추게 해주죠. 저는 이런 감각이야말로 마케터가 반드시 길러야 할 근본적인 힘이라고 생각합니다.

실제로 비즈니스가 잘 굴러가려면 초기 창업자들은 고객들을 한 명 한 명 만나 수동적으로Manual 영업해야 합니다. 당장은 비효율적인 방식이죠. 하지만 이런 작은 액션이 꾸준히 모여 복리 효과를 내면, 결국 서비스 확장의 기반이 만들어집니다.

이제는 대기업이 된 에어비앤비 역시 사업 초기에 이 과정을 거쳤습니다. 에어비앤비의 초기 투자사로도 유명한 와이콤비네이터Y Combinator의 폴 그레이엄은 창업자들에게 이런 조언을 건넸어요.

"그럭저럭 좋아하는 100만 명보다, 진짜 서비스를 사랑하는 100명에게 집중하라."

덧붙여 그 100명이 어떻게 서비스를 이용하는지, 어떤 문제에 부딪히는지를 직접 확인해야 한다고도 했죠. 창업자들은 이 조언을 그대로 따랐습니다. 비행기를 타고 호스트들을 만나 이야기를 듣고, 부족한 부분을 개선했습니다. 에어비앤비의 세계적인 성공 뒤편에는 이렇게 비효율적이고 수작업 같은 과정들이 감춰져 있었습니다.

마케터도 마찬가지입니다. 데이터와 툴 뒤에 숨는 대신 현장에서 고객의 불편을 체험하고 작은 개선을 반복하는 인내심을 발휘해야 해요. 이 반복을 견딘 사람이 결국 구조를 만들고 전략을 세우며 결정적인 차이를 만들어냅니다.

실무 TIP 데이터를 다룰 때는 정리 자체를 목표로 두지 말고, "여기서 내가 뽑아낼 수 있는 한 줄의 인사이트는 무엇인가?"를 늘 고민하세요. 또 캠페인을 기획할 때는 엑셀 데이터보다 고객센터 문의와 리뷰를 우선 살펴야 합니다. 수치로는 보이지 않는 불편과 니즈를 생생하게 확인할 수 있어요. 이런 '비효율적 관찰'이 전략의 출발점입니다.

호기심과 인내심을 갖춘 마케터는 팀 내에서 금세 두각을 드러내요. 호기심 많은 마케터는 새로운 아이디어를 빠르게 포착하고, 인내심 있는 마케터는 비효율 속에서도 구조를 만들어 성장하죠. 기술보다 오래 가고, 데이터보다 강력한 힘. 건강한 성장을 원한다면 이 두 가지를 제일 먼저 역량 리스트에 넣어보세요.

이 많은 일 중에서, 저는 어떤
마케터로 성장할 수 있을까요?

마케터라고 모두가 같은 일을 하는 건 아니죠. 마케터를 구분하는 기준은 오른쪽의 표처럼 정말 다양하고 촘촘합니다. 요구되는 역량도 조금씩 다르고요. 하지만 빠르게 굴러가는 조직에서는 마케터 한 명이 수많은 일을 담당하곤 합니다. 특히나 팀에 마케터가 하나뿐일 때는 운영이나 고객 응대, 채널 관리, 디자인 요

---

* **CPA** Cost Per Action　사용자 한 명이 '원하는 행동'을 하는 데 들어간 비용이에요. 즉 '한 명을 설득하기 위해 비용이 얼마나 들었나?'로 광고 효율을 따지는 겁니다.

** **크리에이티브** Creative　광고나 캠페인에서 핵심 메시지를 전달하는 이미지, 영상, 문구 등을 말해요. 결국 사람들의 관심을 끄는 힘이죠.

마케터의 대표적인 구분

구분	주요 업무	필요한 역량과 특징
PR 마케터	언론 보도자료 작성, 기자 대응, 기업 이미지 관리, 미디어 이벤트 기획	글쓰기 능력, 대외 커뮤니케이션 스킬, 위기 대응력, 메시지 관리
퍼포먼스 마케터	광고 캠페인 기획·집행 (구글·메타·네이버 등), 예산 관리, A/B 테스트, 성과 분석	데이터 분석력, 매체 이해도, ROI 및 CPA* 계산, 실험적 사고
콘텐츠 마케터	인스타그램·틱톡·유튜브 등 콘텐츠 기획과 제작, 카피라이팅, 스토리텔링, 바이럴 캠페인	창의성, 트렌드 감각, 카피·영상 제작 능력, 기획력
브랜드 마케터	브랜드 전략 수립, 캠페인 기획, 이미지·메시지 톤앤매너 관리, 대규모 프로모션 및 브랜딩 프로젝트	전략적 사고, 크리에이티브** 감각, 협업 능력, 장기적 관점
CRM 마케터	앱푸시·문자·친구톡·이메일 등 CRM 채널 운영, 고객 세분화 및 리텐션 전략, A/B 테스트, 고객 데이터 분석	데이터 기반 기획력, 유저 심리 이해, 도구 활용 능력(Braze 등)
AE (광고 대행사)	광고주(클라이언트) 대응, 캠페인 기획·제안서 작성, 프로젝트 관리, 협력사 조율	커뮤니케이션 스킬, 제안서 및 프 레젠테이션 역량, 일정 관리, 설득력

청 같은 마케팅 외의 업무까지 도맡게 돼요.

처음에는 '그래, 이 정도는 다 같이 해야지' 싶다가도 어느 순간엔 '이 일이 내 업무 범위가 맞는지' 헷갈리고, 끝내 '나는 지금 무슨 마케터로 성장하고 있는 걸까?' 하는 혼란이 깃들기 일쑤입니다.

저 역시 커리어 초반에 그런 환경을 경험했습니다. 스타트업의 정규직 마케터 1호로 입사해 콘텐츠 제작부터 SNS 관리, PR, 리뷰 관리, 브랜딩, 운영 보조까지 닥치는 대로 맡았죠. 여러 경험을 할 수 있어 감사했지만, 당시에는 전문성이 흐릿하다는 불안에 시달렸습니다. 주니어 때는 주변에서 "너는 콘텐츠 마케터야? 브랜드 쪽이야?"라는 질문을 받으면 대답하기가 어려웠어요. 하나에 집중한 적도 없고, 어디서부터 어디까지가 '내 일'인지조차 명확하지 않았으니까요. '나는 어떤 마케터로 포지셔닝할 수 있을까?'라는 고민이 나날이 깊어졌습니다.

다만 지금 돌이켜보면 그 시절은 직무 정체성을 탐색하기 위한 중요한 시작점이었습니다. 다양한 업무를 해본 덕에 좋아하는 일과 잘 맞는 성향, 스트레스를 크게 받는 유형 등을 구분할 수 있었고, 무엇보다

'내가 만든 결과를 어떻게 증명할 수 있을까'를 깊이 고민하게 되었거든요.

가령 매출이 늘어난 상황에서 저는 그게 제가 올린 콘텐츠의 효과인지, 브랜딩의 결과인지, 언론 보도 덕분인지를 명확히 알기 어려웠습니다. 콘텐츠나 PR은 그 자체로 유의미하긴 해도 직접적인 성과를 증명하긴 힘들었어요. 자연스레 제 관심은 데이터 기반 마케팅 쪽으로 기울었고, 그것이 CRM 마케팅으로 직무를 전환하는 계기가 되었습니다.

이 과정에서 가장 크게 배운 건 문제 해결력입니다. 마케터는 결국 고객의 문제, 제품의 문제, 데이터의 문제를 풀어내는 사람이잖아요. 주어진 자원으로 실마리를 찾고, 실험하고, 개선하고, 반복해 성과를 만들면 됩니다. 그래서 저는 주니어 분들이 커리어 초반에 겪는 잡다한 경험을 '잡무'로민 지부하지 않았으면 좋겠습니다. 여러분이 잡무라고 여기는 일들은 사실 '내가 어떤 문제들을 마주했고, 어떻게 정의하고 풀었는가'의 리스트에 가깝습니다.

진짜 원하는 직무를 찾는 자기탐색 방법

'나는 어떤 마케터로 정체화할 수 있을까?'는 작은 회사에서 일하는 신입 마케터들이 늘 고민하는 한 줄이죠. 지금부터 이 고민을 함께 해결해봅시다. 길을 만들기 위해서는, 경험을 통해 나 자신을 확인하는 과정이 필요합니다.

1. 내가 몰입했던 순간 떠올리기

하루가 빨리 가고 시간이 아깝지 않았던 순간이 있나요? 어떤 일을 하던 중이었나요? SNS 게시물 기획일 수도 있고, 광고 지표를 분석한 순간일 수도 있겠네요. 업무 중 가장 큰 성취감을 느꼈던 경험, 제일 집중이 잘 되었던 순간을 짚어보세요. 그 안에 여러분의 강점과 적성이 숨어 있습니다.

2. 스트레스를 가장 많이 받았던 순간 떠올리기

반대로 나를 지치게 하는 일도 핵심 단서가 됩니다. 데이터 관리가 괴로웠나요? 아니면 창의적 카피라이팅이 힘들었나요? 솔직하게 적어보세요. 회피를 위한 잔꾀가 아닙니다. 커리어 방향을 잡는 데 중요한 힌트가 되어줄 거예요.

3. 작은 실험 반복하기

간단한 뉴스레터를 발송해보고 성과를 측정하거나, 유튜브 채널에 숏폼을 올린 후 반응을 확인하세요. '완벽한 결과를 내야 한다'는 생각을 버려야 합니다. '이 과정이 나한테 잘 맞는가?'를 체크하는 게 목표입니다.

4. 경험을 언어로 바꾸기

"나는 SNS 운영을 해본 적이 있다"라는 문장은 너무 평범하고 추상적이죠. "SNS 운영 중 A/B 테스트를 진행했고, 클릭률을 1.3배 끌어올렸다"처럼 과정과 배움을 구체적으로 정리해둬야 합니다. 시간이 조금 지나이 기록을 돌아보면, 내가 어느 직무에 맞는지 더 명확히 알 수 있어요.

일련의 과정을 통해 내게 맞는 직무를 구체화했다면, 그 다음엔 점프를 준비해야겠죠. 여기서 무엇보다 중요한 건 '성과를 언어화하는 능력'입니다. 말했듯이 "인스타그램 운영"보다는 "월 12회 포스팅 → 평균 도달률 15% 향상 → 신규 팔로워 200명 증가"처럼 선명한 표현이 필요합니다. 이런 고민의 과정은 포트폴리오를 더 흥미롭게 꾸며줘요. 그러면서 쌓이는 문제 해결 경험 역시 면접에서 특별한 무기가 됩니다.

실무 TIP 포트폴리오를 만들 땐 단순히 작업물만 나열하지 마세요. '문제 상황 → 내가 한 액션 → 결과 → 배운 점'의 구조로 정리합시다. 면접관은 결과보다는 과정과 사고방식을 더 주의 깊게 봅니다.

커리어는 직선이 아니에요. 발산 - 수렴 - 재발산의 구조를 지닙니다. 다양한 경험으로 시야를 넓히고(발산), 그중 내가 잘할 수 있는 영역에 집중해 깊이를 만들고(수렴), 다시 더 넓은 문제를 풀기 위해 시야를 확장하는(재발산) 일의 연속이 커리어의 진짜 의미입니다.

지금 잡무처럼 보이는 일을 한다 해서 커리어가 정체되는 게 아닙니다. 나만의 직무 정체성을 찾아가는 여정일 뿐이에요. 당장은 답답하게 느껴져도, 이 시절의 경험이 결국 나의 문제 해결력을 키워주는 초석이 됩니다.

중요한 건 '이 경험을 통해 내가 어떤 문제를 풀었는지'를 설명해내는 능력입니다. 경험을 그냥 흘려보내지 마세요. 내가 잘할 수 있는 일과 하고 싶은 일을 발견하는 자기탐색의 재료를 모은다고 생각하고, 나를 설명하는 언어로 꼭 바꿔두세요.

시작을
준비하며

②

취업과 진입의 문턱에서
던져야 할 질문들

- ✓ 나이도 많고 전공자도 아닌데,
  신입 마케터가 될 수 있나요?

- ✓ 작은 회사에서 시작해도 정말 괜찮은가요?

- ✓ 마케터 취업에 정답지가 있다고요?

- ✓ 인하우스와 광고대행사,
  어느 길로 가야 할까요?

- ✓ 공백기는 어떻게 보내야 현명한 건가요?

- ✓ 어학 능력과 학벌, 정말 중요한가요?

- ✓ 자기소개서, 포트폴리오에도
  KPI가 있다고요?

나이도 많고 전공자도 아닌데,
신입 마케터가 될 수 있나요?

'전공자가 아닌데 마케터 취업이 가능하냐'는 질문이라면 수도 없이 들었습니다. 불안에 시달리는 분들이 그만큼 많다는 뜻이겠죠. 결론부터 말하자면, 충분히 가능합니다. 그냥 하는 말이 아니에요. 요즘 업계는 이론을 많이 아는 백과사전형 인재보다 현장에서 문제를 해결할 수 있는 실무형 인재를 원합니다.

저 역시 마케팅 전공이 아니었어요. 제 주변에서 뛰어난 성과를 내는 마케터들의 전공도 다양하고요. 인문계, 예체능부터 자연과학을 전공한 분들까지 있습니다. 이건 일반적인 현상이에요. 한국교육개발원의 조사에 의하면, 오늘날 대졸자의 절반 이상은 전공과 무관한 직업을 선택합니다.[1] 전공이 일의 방향을 결정 짓는 시대는 끝났습니다.

'나이가 많아 고민이다'라는 이야기도 제법 듣습니다. 괜히 미소를 짓게 되는 고민이에요. 저도 마케터가 되기 전에 정확히 같은 고민을 했거든요. 저는 29살에야 대학을 졸업했습니다. 그 사이 진로 고민과 편입 준비, 해외 생활을 비롯한 여러 변곡점이 있었어요. 졸업이 늦어지긴 했지만 저는 그 시간들이 마케팅 감각을 키우는 데 일조했다고 생각합니다. 다양한 경험을 하며 사람을 관찰하고 행동을 분석하는 힘을 얻었기 때문입니다.

제 나이가 채용 시장에서 불리하게 작용한 적도 없습니다. 면접 때 "졸업을 늦게 하셨네요?"라는 말을 들었을 때도, "그 기간 동안 여러 환경에서 사람의 행동을 관찰할 수 있었습니다. 이 경험이 마케팅의 본질을 이해하는 데 큰 도움이 되었습니다"라고 대답했죠. 오히려 흥미롭게 받아들이더라고요.

사고의 전환이 자신감을 만든다

전공과 나이로 위축된 분들이 있다면, 우선 사고방식을 바꿉시다. 나의 단점이라고 여기는 대신 경험을 증명할 수 있는 자산이라고 생각하는 거예요. 물론 '그경험이 어떻게 마케팅적 인사이트로 연결되는가' 정도는 명확히 설명해야겠죠.

"비전공자라서 부족하다"라는 말은 "인문학을 전공함으로써 사람의 심리를 읽는 시각을 마케팅에 녹일 수 있었다"라는 말로, "신입치고는 나이가 많은 편이다"라는 말은 "다양한 환경을 거치며 소비자와 조직을 바라보는 관점이 대폭 넓어졌다"라는 말로 고쳐 표현하세요. 취업에서 중요한 건 학습 속도와 실행력을 보여주는 일입니다. 전공과 나이를 '신입으로서의 제약'이 아니라 '마케팅 실천을 위한 조합의 요소'로 만드는 겁니다. 새로운 환경에 빠르게 적응하고, 실제 결과로 증명해왔다는 확실한 어필을 건네보세요.

"전공에서 배운 분석력과 다양한 경험에서 얻은 현실감각을 마케팅 실무에 결합하고 있습니다."

사고의 방향과 언어를 바꿔보자

일반적이고 부정적인 표현	방향성 재설정	면접 때 질문을 받는다면?
비전공자라서 부족한 부분이 있다	다양한 배경이 새로운 관점을 만들어줬다	"인문학을 전공한 덕에 사람의 심리를 읽는 시각을 마케팅에 녹일 수 있었습니다."
신입치고는 나이가 많은 편이다	경험의 깊이가 넓은 시야를 만들어줬다	"다양한 환경을 거치며 소비자와 조직을 바라보는 관점이 대폭 넓어졌습니다."

중요한 건 전공이나 연령이 아니라 '얼마나 빠르게 배우고, 꾸준히 시도하느냐'입니다. 여러분의 조건을 핸디캡이라고 여기지 마세요. 남들과는 다른 스토리를 만들어내는 재료라고 생각하세요. 그 재료를 설득력 있게 활용하는 사람, 즉 스스로를 탁월하게 마케팅할 줄 아는 사람이야말로 장기적인 커리어 여정에서 승자가 됩니다.

작은 회사에서 시작해도
정말 괜찮은가요?

저는 대학교 마지막 학기를 앞두고, 동기들과 함께 본격적으로 취업을 준비했습니다. 자기소개서 작성부터 인적성 검사, 인성 면접, PT 면접까지. 대기업 입사를 위해 거쳐야 할 전형들을 준비하며 힘들었던 기억이 생생합니다.

첫 취업 시즌에 수십 개의 서류를 넣었지만 결과는 전부 탈락이었습니다. 주변 친구들은 최소 한두 개의 면접은 잡혔는데, 저 혼자만 떨어진 상황이 실망스러웠어요. '첫 시즌은 연습이야'라며 스스로를 다독였지만 초조함의 불씨가 싹튼 건 사실입니다.

두 번째 시즌을 준비하던 중에는 다행히 인턴 기회

를 얻었습니다. 채용 플랫폼 '사람인'의 서비스기획 팀에 합류하게 되었죠. 실질적인 기획 업무보다는 대기업의 채용공고를 플랫폼으로 옮겨오는 단순 업무가 대부분이었지만, 당시의 저에겐 귀한 경험이었습니다. 좋은 동료들과 즐거운 시간을 보내며 다음 시즌을 준비할 수 있었어요.

하지만 두 번째 시즌 역시 결과는 다르지 않았습니다. 몇몇 곳에서 서류 통과는 할 수 있었지만 최종 합격은 없었습니다. 시간이 지나자 친했던 동기들이 하나둘 대기업 합격 소식을 전해왔어요. 마음이 움츠러들 수밖에 없더라고요.

스타트업에서 배운 하드 트레이닝

저는 스스로에게 질문을 던졌습니다. '내가 진짜 대기업에 가고 싶은 걸까? 아니, 갈 수는 있을까?' 도망치고 싶은 마음에 합리화를 택했던 건지도 모릅니다. 당시에는 명확한 커리어 방향이 없었고, 마케터라는 꿈도 다소 막연했기에 대기업이라는 존재 자체를 추상적인 목표로 삼았던 것 같아요.

결국 저는 대기업 입사를 완전히 포기하지 못한 상태로, 전략을 조금 바꿨습니다.

'지금은 힘들 것 같아. 나중에 이직을 통해 대기업에 가보자.'

우선 실무 경험부터 쌓는 쪽을 택한 겁니다. 빠르게 배우고, 성과를 만들어내며, 이직 시 강력한 카드가 될 자산을 확보하는 방향이었죠. 그렇게 합류한 곳이 홈클리닝 스타트업 '미소'였습니다. 당시 미소는 폭발적으로 성장하고 있었습니다. 업무 강도가 높을 수밖에 없었어요. 매일 쏟아지는 과제를 소화해야 했고, 예상치 못한 변수에도 즉각 대응해야 했습니다.

일은 무척 빠듯했지만 오히려 그 과정에서 저는 다양한 경험을 압축적으로 쌓았습니다. 콘텐츠 제작부터 퍼포먼스 광고, CRM 메시지 기획, 고객 관리까지. 돌이켜보면 동년배 마케터보다 훨씬 빠른 속도로 실무 감각을 익히고 성장한 시기였어요. 회사의 성장통과 시행착오를 고스란히 겪었죠. 그 덕에 문제를 신속히 정의하고 해결하는 능력을 체득했고, 이 경험은 이후 더 큰 기업으로 점프하는 토대가 되었습니다.

실무 TIP 스타트업에서 하드 트레이닝 중인 분이 있다면, 그 경험을 기록할 때 업무 강도를 언급하는 대신 '어떤 역량을 키웠고 어떤 결과를 냈는지'에 한층 집중하세요. 읽는 사람이 '아, 바빴군요'가 아니라 '성과로 연결되는 경험을 단기간에 해냈군요'라는 인상을 받을 수 있도록요.

커리어의 방향을 잡는 첫 단추, 메타인지

제 전략은 꽤 성공적이었습니다. '빠르게 경험을 쌓아 대기업으로 간다'는 플랜이 결국 실현되었으니까요. 하지만 오늘날의 현실은 점점 어려워지고 있습니다. 한국경영자총협회가 실시한 2025년 신규채용 실태조사에 따르면, '올해 신규 채용 계획이 있다'고 답한 기업은 60.8%였습니다.[2] 이는 2022년 이후 가장 낮은 수치였어요. 불확실성의 시대에 기업 심리가 위축된 결과라는 분석이 대세였죠.

구조조정, 스타트업 투자 위축, 글로벌 경기 불안정

까지 겹치면서 경력직조차 시장을 헤매고 있는 상황입니다. 따라서 현재의 신입 분들은 '대기업을 목표로 한다'는 막연한 전략 이전에 더 근본적인 질문을 던져봐야 합니다.

‣ **나는 왜 대기업에 가고 싶은 걸까?**
‣ **그게 내 커리어에 반드시 필요한 길일까?**

대기업의 연봉·복지·네임밸류 등은 분명 매력적입니다. 저도 대기업 입사 후 체계적인 시스템과 복지, 동료들의 레벨에 여러 번 감탄했어요. 하지만 모두가 대기업을 향해 일직선으로 헤엄쳐야만 하는 건 아닙니다. 작은 기업에서 자신에게 맞는 환경과 성장을 경험하고, 그 성과를 기반으로 다시 큰 기회를 생각하는 길도 충분히 유효합니다.

이 과정에서 필요한 게 '메타인지'예요. 나의 강점과 약점을 객관적으로 봐야 합니다. 그에 따라 전략을 유연하게 조정해야 하고요. 저 역시 인적성 검사와 PT 면접에 약했기 때문에 실무 경험을 빠르게 쌓는 쪽을 택한 겁니다.

메타인지를 위해서는 우선 대기업과 스타트업의 환경 차이를 이해해야 합니다. 대기업은 체계적인 프로세스와 명확한 역할 분담이 장점이에요. 대신 한 사람에게 주어지는 권한은 제한적인 경우가 많습니다. 성과를 내는 속도도 비교적 느리고요. 반면 스타트업은 다양한 업무를 빠르게 경험하고 성과를 직접 체감할 수 있어 매력적입니다. 다만 구조와 리소스가 부족해 혼란스러울 수 있고, 장기적 안정성은 상대적으로 낮아요.

본인이 규칙적인 환경에서 차근차근 전문성을 쌓는 걸 선호한다면 대기업의 문을 계속 두드려보는 게 좋습니다. 다양한 역할군을 가로지르며 시행착오 속에서 쾌속 성장하고 싶다면 스타트업이 잘 맞을 가능성이 높고요. 장단점은 어디에나 있습니다. 대기업이라 해서 능사는 아니고, 스타트업이라 해서 무조건 일머리가 하루 단위로 쑥쑥 늘지는 않습니다. 각 선택지의 장단점이 나의 업무 스타일과 얼마나 잘 맞는지를 따져야 합니다. 그래야 진정한 의미의 성장이 가능합니다.

실무 TIP 자신의 약점을 객관적으로 확인하기 힘들다

대기업 vs. 스타트업, 나에게 더 맞는 쪽은?

	대기업	스타트업
조직 성격	체계적이고 명확한 프로세스	유연하고 빠르게 변화하는 구조
업무 범위	역할 분담이 확실하고 담당 영역이 명확한 편	역할이 유동적, 다양한 업무를 폭넓게 경험함
의사 결정	체계적 승인 구조로 속도가 느림	빠른 의사 결정과 실행이 가능
성과 체감	조직 규모가 큰 만큼 개인적인 성과의 체감은 약함	나의 성과를 즉각적이고 직접적으로 체감 가능
안정성	장기적인 고용 안정성 높음	변화에 따라 불안정할 수 있음

면, 면접 피드백과 동료의 조언, 실제 프로젝트의 성과 리뷰까지 꼭 꼼꼼하게 살펴보세요. 메타인지의 첫걸음은 외부의 시선을 부끄러워하거나 회피하려는 마음을 버리는 겁니다.

저는 '대기업에 바로 붙지 못했다'는 이유로 위축되고 우울해하는 분들을 자주 만납니다. 그럴 때마다

'무엇보다 비교를 멈춰야 한다'는 말로 운을 뗍니다. 친한 친구들과 동기들은 전부 이름만 대면 알 만한 기업에 가고, 나는 아직 제자리인 것 같은 초조한 기분……. 우리 모두가 아는 기분이죠. 그러나 커리어는 장기전입니다. 폭발적으로 성장하는 순간은 누구에게나 반드시 옵니다.

'나중에 대기업에 가고 싶긴 한데, 당장은 너무 멀게만 느껴진다' 싶은 분들이라면 더 좋습니다. 여유롭게 걸음을 옮겨봅시다. 지금을 나만의 경쟁력을 만드는 시기로 삼는 거예요. 유연한 전략을 취하는 것 그리고 때로는 우회로를 택해 돌아가는 것이 오히려 정답일 수 있습니다. 오늘의 내가 내린 결정을 믿고 꾸준히 실행해갑시다.

마케터 취업에
정답지가 있다고요?

교육 커리큘럼만으로는 막연하고, 현업 경험이 없으면 감을 잡기 힘든 게 마케터라는 직무죠. 하지만 사실 정답은 공개되어 있습니다. 바로 '채용공고'입니다. 너무 당연한 내용이라 많이들 간과하기 일쑤인데요. 사실 채용공고만큼 현실적이고 정확한 정보는 없습니다. 공고 속엔 해당 기업이 지금 가장 필요로 하는 역량, 팀의 방향성, 실제 수행 업무, 조직이 중요하게 여기는 가치 등이 전부 담겨 있습니다. 커리어 설계의 답안지와도 같아요.

지금부터 함께 채용공고를 하나하나 뜯어봅시다. 여기서는 '테드 컴퍼니'라는 가상의 기업에서 올린, 콘텐츠 마케터를 모집하는 채용공고를 예로 들어 설명할게요.

테드 컴퍼니

〈신입/경력 1~2년〉 콘텐츠 마케터를 모집합니다

☞ 우리 팀을 소개합니다

콘텐츠 마케팅 팀은 사람들에게 브랜드의 이야기를 가장 자연스럽게 전달하는 방법을 고민합니다. 우리는 예쁜 콘텐츠를 만드는 팀이 아니라, 고객이 이 브랜드를 좋아하게 되는 이유를 설계하는 팀입니다.

- 기획: 브랜드 방향에 맞는 캠페인 아이디어 및 콘텐츠 콘셉트 도출
- 제작: 인스타그램, 유튜브, 틱톡 등 채널별 콘텐츠 제작
- 분석: 콘텐츠별 반응 데이터 기반 리포트 작성 및 인사이트 도출

⚙ 주요 업무

- 브랜드 및 캠페인 콘텐츠 기획, 제작, 운영
- 인스타그램·틱톡 등 SNS 채널별 콘텐츠 캘린더 관리

- 영상·이미지 소재 제작 및 카피라이팅
- 퍼포먼스 지표(조회 수·도달·참여율 등) 모니터링 및 분석
- 외부 크리에이터, 에이전시 협업 및 콘텐츠 제작 관리

Q **이런 분을 찾고 있어요(필요 역량)**

- 콘텐츠를 통해 브랜드를 성장시키는 일에 흥미가 있는 분
- SNS 트렌드와 소비자 반응에 민감하고 관찰력이 좋은 분
- 글쓰기와 시각적 표현에 강점을 가진 분
- 아이디어만이 아니라 실행과 결과까지 책임질 수 있는 분

⚡ **이런 경험이 있다면 더욱 좋아요(우대사항)**

- 인스타그램·유튜브·틱톡 등 브랜드 계정 운영 경험
- 릴스·숏폼 콘텐츠 기획 및 제작 경험
- 카피라이팅, 촬영, 영상 편집 등 콘텐츠 제작 툴 사용 경험
- 마케팅 성과 분석 리포트 작성 경험
  (Excel, Google Data Studio 등)

1. 조직의 목표

채용공고를 통해 알 수 있는 정보는 크게 네 가지입니다. 첫째는 '조직의 목표'예요. 채용공고의 첫 부분,

보통 "우리 회사는 어떤 브랜드고, 어떤 일을 하고 있습니다"로 시작하는 조직 소개문은 단순 홍보 문장이 아닙니다. 이 문장에는 회사의 미션과 철학, 즉 '이 팀이 존재하는 이유'가 묻어 있어요.

조직의 목표는 결국 '이 팀이 해결하고자 하는 문제는 무엇인가?'를 말해줍니다. 예컨대 어떤 기업의 공고에 "우리는 고객과 브랜드의 감정적 연결을 만드는 팀입니다"라는 문장이 적혀 있다면, 이 팀은 퍼포먼스보다는 브랜딩에 초점을 맞추는 조직이라는 뜻이죠. 반대로 "데이터 기반의 실험과 효율을 통해 전환율을 높이는 팀입니다"라면, 성과형 마케팅 중심의 팀일 가능성이 높습니다. 이 부분을 제대로 읽으면 '이 회사가 나와 맞는지'뿐 아니라 '이 팀이 마케팅을 어떤 관점에서 다루는지'까지 파악할 수 있습니다.

테드 컴퍼니의 문장을 볼까요?

콘텐츠 마케팅 팀은 사람들에게 브랜드의 이야기를 가장 자연스럽게 전달하는 방법을 고민합니다. 우리는 예쁜 콘텐츠를 만드는 팀이 아니라, 고객이 이 브랜드를 좋아하게 되는 이유를 설계하는 팀입니다.

이 표현은 팀의 방향성을 뚜렷하게 제시하고 있습니다. 테드 컴퍼니의 콘텐츠 마케팅 팀은 브랜드의 감정적 설계를 담당하는 곳으로 보입니다. 즉, 콘텐츠 자체보다는 콘텐츠를 통해 만들어지는 '감정의 경험'을 다루는 조직입니다. 이런 철학을 읽어낸다면 지원 시 자신의 경험 중 어떤 포인트를 강조해야 할지도 자연스럽게 정할 수 있습니다.

> **실무 TIP** 조직 목표 문장에서 핵심 키워드 세 개를 뽑아내세요. 예컨대 '자연스럽게', '이유', '설계' 같은 단어는 그 팀이 중요시하는 사고방식을 드러냅니다. 이 키워드를 자기소개서나 포트폴리오 문장에 녹이면 팀의 언어를 이해하는 지원자로 보입니다.

2. 주요 업무

다음으로 넘어갑시다. 채용공고에서 가장 눈에 띄는 부분은 바로 '주요 업무'입니다. 많은 지원자가 이 항목을 그냥 해야 할 일 목록 정도로만 이해하는데요. 사실 주요 업무는 그 팀의 업무 구조와 리듬, 실무의 범위를 보여주는 제일 현실적인 자료입니다.

⚙ 주요 업무

- 브랜드 및 캠페인 콘텐츠 기획, 제작, 운영
- 인스타그램·틱톡 등 SNS 채널별 콘텐츠 캘린더 관리
- 영상·이미지 소재 제작 및 카피라이팅
- 퍼포먼스 지표(조회 수·도달·참여율 등) 모니터링 및 분석
- 외부 크리에이터, 에이전시 협업 및 콘텐츠 제작 관리

테드 컴퍼니는 주요 업무를 위와 같이 설명했죠. 이 문장을 세분화하면 하루 일과를 알 수 있습니다.

기획 단계에서는 브랜드 콘셉트와 메시지를 정의하고, 고객에게 전달할 이야기를 구조화할 겁니다. 이 과정에선 브랜딩 감각과 논리적 사고력이 핵심입니다. 그 다음 제작 단계에서는 영상·이미지·카피 등의 실제 콘텐츠를 생산합니다. 단순 디자인이 아니라 '어떤 톤과 맥락으로 표현해야 고객이 반응하는가'를 판단하는 감각이 중요하겠죠.

운영 단계에서는 채널별 업로드 관리, 반응 모니터링, 퍼포먼스 분석을 해내야 합니다. 데이터 리터러시와 분석 해석력, 빠른 피드백 구조가 필요합니다. 마지막으로 협업 단계에서는 외부 제작자나 내부 팀(디자인, 퍼포먼스 팀 등)과 일정 및 방향을 조율하는 듯하

네요. 프로젝트 관리력과 커뮤니케이션 스킬이 필요합니다.

이처럼 채용공고에 표시된 주요 업무를 뜯어보면 '회사가 원하는 기획형·실행형·관리형 인재상'이 바로 드러납니다. 역으로 나의 커리어 포트폴리오를 어떻게 맞춰야 할지, 어떤 스킬이 필요한지도 파악할 수 있어요.

> **실무 TIP** 주요 업무 리스트를 복사한 후 각 항목 옆에 '이 일을 하려면 어떤 역량이 필요한가?'를 적어보세요. 가령 "퍼포먼스 모니터링"이라는 항목 옆에는 "GA4*, 메타 인사이트 해석"이라는 역량이 적히겠죠?

3. 필요 역량

다음으로는 '필요 역량'을 살펴봅시다. 필요 역량은 '우리 팀에서 일하려면 최소한 이 정도의 사고 구조와 습관은 있어야 한다'는 메시지입니다. 해당 조직이 마케터를 판단할 때 쓰는 기본선이에요. 테드 컴퍼니의

---

* **GA4** Google Analytics 4 구글의 최신 분석 도구예요. 웹·앱 데이터를 하나로 묶어 사용자 행동의 전체 흐름을 파악할 수 있도록 설계되었죠.

필요 역량은 다음과 같습니다.

> 🔍 **이런 분을 찾고 있어요(필요 역량)**
> - 콘텐츠를 통해 브랜드를 성장시키는 일에 흥미가 있는 분
> - SNS 트렌드와 소비자 반응에 민감하고 관찰력이 좋은 분
> - 글쓰기와 시각적 표현에 강점을 가진 분
> - 아이디어만이 아니라 실행과 결과까지 책임질 수 있는 분

곱씹어보면, 이 팀은 아이디어만 내는 사람이 아니라 '끝맺음을 책임지는 실행형 마케터'를 원한다는 걸 알 수 있습니다. "관찰력"은 데이터를 읽는 눈과 인사이트 도출 능력을 의미하고, "글쓰기와 시각적 표현"은 콘텐츠의 완성도를 결정짓는 표현력, "실행과 결과"는 퍼포먼스 감각을 뜻합니다.

필요 역량에 등장하는 형용사들을 명사로 바꿔 읽어보세요. "민감한"은 '트렌드 캐치 능력'으로, "(글쓰기와 시각적 표현에)강점을 가진"은 '콘텐츠 크리에이티브 감각'으로 수정하는 겁니다. "책임질 수 있는"은 뭘 의미할까요? 이건 '결과 중심 사고'라는 뜻이에요. 이렇게 전환하면 자기소개서나 면접 답변에서 "저는 빠르게 트렌드를 감지하고 콘텐츠로 연결하는 능력을

갖췄습니다"처럼 자연스레 연결할 수 있습니다.

4. 우대사항

마지막은 '우대사항'입니다. 우대사항은 많은 지원자가 '있으면 좋고 없어도 괜찮은 것'으로 오해하는 부분이에요. 하지만 달리 보면 이 팀이 앞으로 어떤 방향으로 확장하려 하는지가 드러나는 대목입니다.

> ⚡ **이런 경험이 있다면 더욱 좋아요**(우대사항)
>
> • 인스타그램·유튜브·틱톡 등 브랜드 계정 운영 경험
> • 릴스·숏폼 콘텐츠 기획 및 제작 경험
> • 카피라이팅, 촬영, 영상 편집 등 콘텐츠 제작 툴 사용 경험
> • 마케팅 성과 분석 리포트 작성 경험
>   (Excel, Google Data Studio 등)

이 팀은 숏폼 중심의 브랜드 확장과 데이터 기반 운영 체계 구축을 목표로 하고 있네요. 이는 회사의 중장기 전략이기도 합니다. '향후 내가 커리어를 어떻게 쌓아야 할지'를 알려주는 미래형 데이터인 셈이죠.

실무 TIP 여러분이 테드 컴퍼니(혹은 비슷한 계열의 기업)에 입사하고 싶은 지원자로서 이 회사의 공고를 살펴봤다

면, 그 순간부터라도 캡컷CapCut이나 프리미어 프로Premiere Pro 같은 영상 툴을 익히고 숏폼 기획 및 성과 데이터를 리포트 형태로 정리해보세요. 당장이 아니더라도 다음 이직 혹은 승진의 기반이 되어줄 겁니다. 공고의 우대사항을 '나의 성장 로드맵'으로 삼는 거예요.

회사는 수많은 지원자 중 함께 일하고 싶은 사람을 선별하는 질문지이자 조직의 방향성·철학을 공개하는 브랜드 문서로서 채용공고를 사용합니다. 역으로 마케터들은 공고를 통해 '내가 어떤 문제를 해결할 수 있는 사람인가'를 점검할 수 있습니다. 결국 채용공고를 잘 읽는다는 건 내 커리어가 어디로 향하고 있는지를 선명하게 해석해낸다는 뜻입니다. 그 작업이야말로 채용공고 분석의 진짜 목적이에요.

인하우스와 광고대행사,
어느 길로 가야 할까요?

인하우스 마케터와 대행사 마케터. 비슷한 것 같지만 실제로는 경험의 깊이와 넓이, 일하는 방식 그리고 커리어 성장의 방향까지 상당한 차이를 보입니다. 마케터를 준비하는 분들이라면 누구나 이 길 사이에서 한 번은 고민해봤을 겁니다. 커리어의 시작점을 어디로 잡아야 할지, 어느 쪽이 나의 커리어 방향성과 더 잘 맞는지 신중히 따져보게 되죠.

결론적으로 둘 중 하나가 '무조건' 더 낫다고는 할 수는 없습니다. 대기업과 스타트업의 환경을 비교하는 일과도 마찬가지예요. 나의 업무 성향과 추구하는 성장 방식에 맞는 선택을 내려야 합니다.

인하우스 마케터: 깊이와 전략

인하우스 마케터는 하나의 브랜드 또는 기업에 소속되어, 그 안에서 기획부터 실행, 피드백과 회고까지 전 과정을 담당합니다. 가장 큰 특징은 마케팅 성과가 보고서 속 수치로 끝나지 않는다는 점이에요. 실제 매출과 고객 행동으로 연결되는 과정을 직접 확인할 수 있죠. '이 성과가 매출에 얼마나 기여했는지'를 생생히 체험하는 게 가능합니다.

또 인하우스 마케터는 세일즈, 개발, 고객센터 등 내부의 여러 팀과 긴밀하게 협업합니다. 이 과정에서 자연스레 기업 전체의 구조와 전략을 이해할 수 있어요. '내 브랜드의 오너십'을 갖고 일하는 역할입니다.

물론 한계도 존재합니다. 단일 브랜드 내에서만 경험이 쌓이다 보니, 다른 산업군의 트렌드와 속도를 체험하긴 어렵습니다. 그래서 인하우스 경력이 길어질수록 '한 우물 파기'식 커리어가 잡힐 가능성이 높아요. 특정 업계의 전문가가 되고 싶거나 장기적으로 한 브랜드를 책임지는 포지션을 꿈꾸는 분들에게 최적이죠.

대행사 마케터: 속도와 전문성

대행사 마케터는 여러 클라이언트를 상대하며 다양한 산업군을 경험합니다. 프로젝트 단위로 업무가 진행되기 때문에 성과를 내는 속도와 결과물의 퀄리티가 곧 경쟁력이에요. 짧은 기간에 광고 집행, 성과 분석, 크리에이티브 제작 등 빠른 사이클을 반복하며 전문 스킬을 익힐 수 있습니다. 특히 광고·퍼포먼스 중심 업무를 맡을 경우, 데이터 분석력, A/B 테스트 설계 능력, 매체 운영 경험이 엄청난 속도로 쌓입니다.

대행사 마케터 일의 장점은 산업 간 비교 학습이 가능하다는 겁니다. 3월에는 패션 브랜드를 담당하고, 4월에는 식음료 기업과 협업하고, 5월에는 B2B 스타트업을 담당하는 식으로 일할 수 있어요. 이 과정에서 '산업마다 마케팅 구조와 고객 반응이 얼마나 다른지'를 체감하며 넓은 시야를 확보하게 됩니다.

물론 현실적인 어려움도 존재합니다. 타이트한 일정, 클라이언트의 잦은 피드백, 성과 압박이 촘촘한 스트레스로 다가오거든요. 다만 이 역시 실력을 단련하는 훈련 과정으로 여긴다면 속도감 있는 성장이 가능합니다.

그래서, 어디가 더 유리할까요? 사실 이 질문에 꼭
맞는 정답은 없습니다. 특히 신입 마케터라면 완벽한
선택을 고민하며 시간을 흘려보내는 것보다는 어떤
환경에서든 경험을 시작하는 편을 추천합니다. 중요

인하우스와 대행사, 나에게 맞는 환경은 어디일까?

질문해보자	인하우스 쪽에 가깝다면	대행사 쪽에 가깝다면
나는 어떤 경험을 선호할까?	한 브랜드에 몰입하며 깊이 있는 성과를 보고 싶다	다양한 산업군을 경험하며 빠르게 성장하고 싶다
어떤 환경에서 동기부여가 되나?	조직의 장기 전략과 매출 성장에 기여할 때	프로젝트 단위 성과를 빠르게 내고 확인할 때
협업 방식은?	내부 팀들과 긴밀히 소통하며 큰 그림을 그린다	외부 클라이언트와 긴장감 있게 소통하며 성과를 낸다
나의 성향은?	안정적이고 체계적인 환경에서 역량을 쌓고 싶다	역동적이고 빠른 환경에서 압축 성장을 원한다
커리어 목표는?	특정 업계의 전문가, 브랜드 오너십 강화	여러 분야 경험 후, 전문 스킬 기반 이직 혹은 전환

한 건 어느 곳에 있든 그 기회를 학습과 성장으로 연결하는 태도입니다. 인하우스에서 근무했다면 '내 브랜드의 오너십을 가지고 성과를 어떻게 만들었는가'를, 대행사에서 일했다면 '다양한 산업을 경험하며 어떤 스킬과 비교 학습을 쌓았는가'를 설명할 수 있어야 합니다. 스스로에게 이런 질문을 던져보세요.

> ▸ 나는 반복되는 브랜드 업무 속에서 깊이를 쌓는 걸 좋아하는가?
> ▸ 아니면 빠르게 결과를 내고 새로운 산업을 경험하는 걸 즐기는가?

정적인 환경에서 깊이 있는 마케팅을 하고 싶다면 인하우스, 역동적인 환경에서 여러 프로젝트를 경험하고 싶다면 대행사입니다. 그리고 정말로 커리어를 결정짓는 건 '인하우스인지 대행사인지'가 아니라, 어느 쪽이든 시작한 뒤에 스스로 성장 스토리를 써 내려가는 태도입니다. 내가 어떤 성향을 가졌는지, 어떤 성장 곡선을 그리고 싶은지를 심도 깊게 질문하세요.

공백기는 어떻게 보내야
현명한 건가요?

대기업의 공채를 집중적으로 준비하는 분들은 이른바 '시즌'에 대한 불안과 고민이 상당합니다. 속전속결로 합격하면 더할 나위 없이 좋겠지만, 한 번쯤은 탈락의 고배를 마시게 돼요. 참 아픈 순간이죠. 멘탈과 루틴을 정비하는 일이 필요한 때이기도 하고요.

탈락도 쓰라린 일이지만, 진짜 문제는 탈락 이후에 찾아오는 '정체의 시간'입니다. '이번 공채, 엄청 열심히 준비했으니 하루만 쉬어야지'로 시작했던 휴식 기간이 순식간에 열흘이 되고, 한 달이 훌쩍 흘러버리기 일쑤입니다. 그 사이 감각도 무뎌져요. 마케터에게 공백기는 단순한 쉼이 아니라 시장과의 거리를 만드는 시간이거든요. 업계 뉴스나 트렌드를 조금이라도 멀리했다간, 다시 일의 세계로 진입했을 때 '내가 정말이 업계 사람이 맞나?' 싶을 정도로 감이 떨어집니다.

탈락 메일을 받은 후 해야 할 일

그렇다면 시즌과 시즌 사이, 공백기는 어떻게 보내야 건강한 걸까요? 우선은 공백기의 진짜 의미를 정확히 짚어야 합니다. 공백기는 '짧고 의미 있게 써야 하는 시간'입니다. 이 준비는 탈락 메일을 받은 당일부터 조금씩 시작하는 게 좋습니다.

1. 탈락의 원인을 기록하고 복기하기

실패를 감정으로만 남겨두는 대신 데이터로 정리하면 자산이 됩니다. 탈락 메일을 한번 들여다보세요. 그리고 노트나 이면지 등 손에 잡히는 종이를 한 장 준비해 탈락의 이유를 짧게 분석하세요. 자기소개에서 강조한 포인트가 회사의 포지션과 일치했는지, 면접을 봤다면 유독 막혔던 질문은 뭐였는지, 그 질문은 실무에 필요한 역량과 어떻게 연결되는지……. 객관적으로 적어 내려가는 겁니다. 이 기록은 다음 지원서의 방향을 바꿔놓는 열쇠입니다.

2. 공백 속에서도 실무 감각 유지하기

공백기에 할 수 있는 가장 현실적인 행동은 작게라도 결과물을 만드는 일입니다. 개인 SNS를 활용한 마케팅 경험이 대표적이죠. 브랜드 캠페인을 분석하는 리포트를 작성해보는 것도 좋습니다.

예컨대 저는 공채 탈락 후 2주 동안 '공백기 성장 미션'이라는 개인 프로젝트를 진행했습니다. 우선은 하루에 한 번, 제가 지원했던 기업의 광고와 캠페인을 분석하고 개선 포인트를 적었어요. 아침에 일어나 커피를 마시면서는 트렌드 리포트를 20분씩 읽었고요. 주말에는 친구가 운영하는 공동구매 계정의 마케팅을 도와주며 실험에 몰두했습니다.

이 작은 루틴들은 추후 면접에서 큰 무기가 되었습니다. "공백기 동안 무엇을 하셨나요?"라는 질문에 "이런 프로젝트를 진행했습니다"라고 명확히 짚어 말할 수 있었거든요.

'공백기'라는 단어를 '정비기'로 재정의하세요. 작은 루틴이라도 매일 실행하고 기록해야 합니다.

3. 시장과의 연결 상태 유지하기

커리어는 나 혼자 애쓴다고 해서 쌓이는 게 아닙니다. 채용 플랫폼, 주요 마케팅 업계 행사 등을 통해 업계와 연결된 상태를 유지하세요. 아울러 도움을 받고 싶은 분들에게 DM 혹은 이메일을 보내보세요. DM 한 줄, 댓글 한 마디가 다음 기회의 문을 엽니다. 실제로 많은 스타트업 채용이 지인 추천이나 네트워크로 시작되기도 해요.

커리어는 직선이 아니다

사람이라면 누구나 '직선적인 성공'을 원할 겁니다. 0에서 시작해서 아무런 굴곡도 없이 100까지 닿는 그런 성공 말이에요. 하지만 현실에는 이런저런 굴곡이 기다리고 있죠. 눈물이 찔끔 나올 만큼 고되기도 하지만, 어쩌면 그 굴곡이야말로 나만의 커리어 그래프를

커리어의 진짜 모습

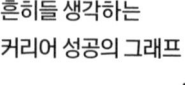

흔히들 생각하는
커리어 성공의 그래프

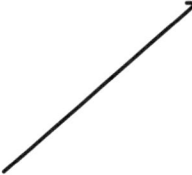

실제로 커리어가
성공하는 과정

만들어주는 고유한 과정일지 모릅니다.

커리어는 직선이 아닙니다. 때로는 꺾이기도 하고, 푹 가라앉기도 하는 순간이 더 단단한 기반을 만듭니다. 탈락했다 해서 멈추지 마세요. 다음 시즌을 멍하니 기다리는 대신, '지금 이 순간이 내게는 새로운 시즌이다'라고 마음을 먹어보세요. 하루 30분이라도 공고를 분석하고, 리포트를 읽고, 내 경험을 기록하는 거예요.

이와 관련해서 잠깐 《아비투스》라는 책 속의 문장을 인용하고 싶습니다. 저자가 최고의 헤드헌터인 마티아스 케스틀러에게 전략적으로 커리어 성공을 준비하는 방법을 묻자, 마티아스는 이렇게 답합니다. "오늘날에는 우수한 사람이 아니라 더 빠른 사람이 이깁니다."[3]

커리어도 마찬가지입니다. '다음 시즌'은 날짜로 정해지는 게 아니에요. 탈락의 아픔을 얼른 털어낸 우리가 다시 움직이기 시작하는 그때가 바로 다음 시즌의 시작입니다. '공고가 열리면 지원한다'가 아니라, '지금부터 준비해서 공고가 열리자마자 지원한다'가 전략적인 태도입니다.

어학 능력과 학벌,
정말 중요한가요?

결론부터 말하자면, 마케터의 1순위는 실무 경험입니다. 어학 능력과 학벌을 압도하는 능력치죠. 이유는 명확해요. 마케팅 예산을 활용해 실제 매출에 기여하는 것이 마케터의 본질이기 때문입니다. 돈을 써서 성과를 만들어야 하니 회사 입장에서는 실패를 최소화하는 경험자를 신뢰할 수밖에 없습니다. 경력직 채용이라면 더더욱 그렇습니다. 지금 이 회사가 맞닥뜨린 문제를 유사하게 겪어본 지원자를 선호하는 건 당연한 흐름이에요.

신입은 어떨까요? 아무래도 신입 마케터에게 경력직 수준의 문제 해결력을 기대할 순 없겠죠. 그래서 채용 현장에서 신입 마케터를 평가할 때는 '업무 태도'와 '성장 가능성'이 주요 기준이 됩니다.

여기서의 성장 가능성은 단순히 '머리가 좋고 센스가 있다'는 뜻이 아닙니다. 오히려 성실함, 책임감, 몰입력처럼 눈에 보이지 않지만 장기적으로 팀워크와 성과에 큰 영향을 주는 태도를 말합니다. 이땐 의외로 학벌과 학점이 참고 요소가 되기도 합니다. '좋은 학교 출신만 뽑는다'는 이야기가 아니에요. 실제로 현장에는 명문대 출신이 아니어도 뛰어난 성과를 내는 마케터가 훨씬 많습니다. 다만 비슷한 조건의 면접자들 사이에서 학벌과 학점은 '꾸준히 학업을 이어온 성실함의 흔적'으로 평가되기도 합니다. 학점을 관리하고 졸업 요건을 채워낸 과정 자체가 책임감을 보여주는 간접 지표로 읽히는 겁니다.

반대로 학섬이 낮녀라도 대외활동이니 인턴, 프로젝트 경험 등에서 성실함이 내비친다면 어떨까요? 저는 그게 더 강력한 카드가 될 수 있다고 봅니다. 결국 취업 시장에서의 핵심은 '내가 가진 카드 중 성실함을 증명할 수 있는 카드는 무엇인가?'를 찾아내는 일이에요.

AI 시대로의 변화를 함께 놓고 생각하면 이 문제는 더 중요해집니다. 미국의 빅테크 기업들은 몇 년 사이 학벌을 바라보는 태도를 빠르게 바꾸고 있거든요. 이유는 단순합니다. 과거에는 학벌이 '실력을 가늠하기 위한 가장 효율적인 필터'였지만, 지금은 더 이상 그렇지 않기 때문입니다.

AI와 데이터 기반 평가 도구가 발달하면서, 기업들은 학벌이라는 간접 신호에 의존하지 않고도 지원자의 사고 과정과 문제 해결 능력을 직접 검증할 수 있게 되었습니다. 실제로 팔란티어나 구글, 아마존, IBM 같은 기업들은 공통적으로 학벌 중심 채용을 약화시키는 실험을 하는 중입니다. 대학을 다니지 않았거나, 비전공자 출신이거나, 전통적인 경로를 밟지 않았더라도 역량만 갖췄다면 충분히 경쟁할 수 있는 채용 트랙을 따로 만들고 있죠. 즉 페이퍼 실링Paper Ceiling이 깨지는 중인 겁니다. 페이퍼 실링은 '학위라는 종이 한 장 때문에 능력이 있어도 기회가 막히는 현상'을 뜻합니다.

다만 이 변화가 미국의 사정에 가깝다는 사실도 고려해야 합니다. 한국에서는 여전히 학벌의 영향력이 강하고, 채용 과정에서도 학벌이 빠르고 안전한 필터로 작동하고 있습니다. 현실적으로는 학벌의 중요성이 한국에서 단기간에 배제될 가능성은 크지 않습니다. 저도 이 점을 무시한 채 '이제 학벌은 아예 필요 없다'고 위험하게 단언하고 싶지는 않아요.

그럼에도 불구하고 방향성만큼은 분명합니다. 미국에서 시작된 이 흐름은 결국 한국에도 영향을 미칠 겁니다. 여기서 우리가 해야 할 일은 하나입니다. 학벌에만 기대지 않는 준비를 시작하는 것. 학벌이 있다면, 그 위에 반드시 실무 경험과 문제 해결 경험을 쌓아야 합니다. 학벌이 부족하다고 느낀다면, 그 빈자리를 실무 경험과 태도로 메워야 하고요.

결국 마케터에게 남는 기준은 단순합니다. '어느 대학을 나왔는가'는 좋은 기준이 되지 못해요. '무엇을 해봤고 어떤 방식으로 성과를 만들 수 있는 사람인가'가 정답입니다. AI 시대가 발전할수록 이 질문은 점점 더 중요해질 겁니다.

실무 TIP 자기소개서나 면접을 준비할 때 학벌·학점이 약점이라고 느낀다면, '대신 이런 경험을 꾸준히 이어왔다'는 대체 자료를 반드시 준비하세요. 블로그 3년 운영, 소규

모 SNS 캠페인 진행, 자발적 스터디 리딩 경험 등은 학점보다 강력한 눈도장을 남기기 마련입니다. 나아가 면접에서도 "이건 저의 성실함을 보여줄 수 있는 사례입니다"라고 직접적인 연결을 시도하세요.

영어 점수보다 중요한 것

많은 신입 마케터가 영어 점수에 집착합니다. 하지만 현장에서는 검색하고, 읽고, 이해하는 '실무형 능력'이 점수보다 훨씬 중요합니다. 요즘 글로벌 마케팅 레퍼런스나 성공 사례, 최신 리포트는 대부분 영어로 공개되죠. 캠페인 전략을 조사할 때도 영어로 검색하면 한글 검색 결과의 5배, 10배에 달하는 자료를 얻을 수 있고요. 이 차이가 결국 문제 해결력의 차이로 이어집니다.

저도 이 사실을 매일같이 느낍니다. 같은 문제를 마주한 상황이라도 영어 자료를 풍부하게 찾아보는 동료는 접근법 자체가 달라요. 실행 아이디어도 풍부하고, 설득력 있는 레퍼런스를 빠르게 제시하죠. 일 잘하는 마케터는 영어를 '점수'로 따지지 않습니다. 언어는 차별화된 인풋을 확보하는 도구로 생각하며 접근해야 합니다.

> **실무 TIP** 원어민처럼 능수능란하게 말할 필요까지는 없어요. 그러나 '검색 키워드를 영어로 입력하고, 내용을 읽어 이해하는 힘'만은 꼭 키워야 합니다. 실제 면접 상황에서도 도움이 돼요. "이 문제를 어떻게 해결했나요?"라는 질문에 글로벌 자료를 검색해 인사이트를 얻었던 경험을 풀어낸다면, 분명 강한 인상을 남길 수 있습니다.

상대평가의 게임, 확률을 높이는 선택

채용은 절대평가가 아니라 상대평가입니다. 학벌과 점수, 경험은 모두 중요하지만 결국 확률을 높이는 카드일 뿐이에요. '어떤 선택을 하고 무엇을 포기했는지'를 설득력으로 풀어야 합니다.

그렇기에 마케터에게는 확률적 사고가 필수입니다. 채용은 완벽한 조건을 가진 사람을 뽑는 게임이 아니라, 각자의 조건 안에서 성공 확률을 얼마나 끌어올렸는지를 비교하는 과정이기 때문입니다.

학벌과 학점이 약점이라면 경험과 실무 프로젝트를 강조합시다. 그래서 저 역시 더더욱 스펙 경쟁이 아닌 경험과 결과 중심의 게임판으로 이동하려 했습니다. 실무에 가까운 프로젝트 경험을 선택해 소개했고, 그 안에서 무엇을 했고 무엇을 만들어냈는지를 집요하게 정리했습니다. 이 선택들이 쌓이며 제 커리어의 확률을 조금씩 높여줄 카드가 되었어요.

결국은 '내가 가진 자원 중 무엇을 끼내 이떻게 보여줄 것인가'의 싸움입니다. 조건이 부족하다고 초조해할 이유는 없어요. 전략적으로 보여주고 설득하면 됩니다. 그것이 마케터가 지녀야 할 첫째 역량이기도 하니까요.

✉ Message   _ ↗ ✕

저는 학벌이나 학점처럼 눈에 띄는 정량 지표가 강점인 편은 아니었습니다. 그래서 스펙을 보완하려 애쓰기보다, '실제로 무엇을 해왔는지'로 평가받을 수 있는 선택을 해왔습니다.

대학 시절 내내 다양한 활동에 도전하며 성실함과 실행력을 길렀습니다. 대외활동과 인턴십을 통해 ○○ 브랜드 프로모션과 콘텐츠 운영을 경험했고, 동아리에서는 팀을 이끌며 정부 지원 프로젝트를 끝까지 완수했습니다. 휴학 기간에는 마케팅 공모전에 참여해 아이디어 기획부터 결과 발표까지 전 과정을 책임지고 추진했습니다.

이 과정에서 얻은 건 '끝까지 밀고 가는 힘'과 '실행을 통해 배우는 태도'였습니다. 주어진 과제를 마무리하기 위해 팀원들과 지속적으로 소통했고, 부족한 부분은 직접 발로 뛰며 보완했습니다.

비록 눈에 띄는 높은 조건은 없지만, 꾸준히 이어온 다양한 경험이 저의 몰입력과 성장 가능성을 보여준다고 생각합니다. 이 경험들을 토대로 저는 실제 업무에서도 빠르게 적응하고, 주어진 환경 안에서 성과를 만들어낼 수 있다고 자신합니다.

자기소개서, 포트폴리오에도
KPI가 있다고요?

마케터들은 목표에 아주 민감합니다. 비용을 쓰는 부서인 만큼 결과를 수치로 설명해야 하고, 비즈니스에 얼마나 기여했는지를 늘 증명해야만 해요. 그중에서도 가장 자주 듣는 단어가 바로 KPI*입니다.

KPI는 성과를 판단하는 '정량 목표'를 의미합니다. 회사의 성장 방향, 팀의 성과, 개인의 업무가 비즈니스 목표에 얼마나 기여했는지를 숫자로 말하는 기준이죠. 신규 유입자 수, 전환율, 매출 등이 대표적인 KPI인데

---

* KPI Key Performance Indicator   목표 달성도를 수치로 보여주는 핵심 지표예요. '이 일을 잘하고 있는가?'를 객관적으로 증명해주는 기준이 됩니다.

요. 각 KPI마다 (신규 유입자 수) 10만 명, (전환율) 5%, (매출) 20억 원처럼 목표 수치가 꼭 붙어 있습니다.

저는 이 개념이 이력서와 포트폴리오에도 똑같이 적용된다고 생각합니다. 단지 목표가 다를 뿐이죠. 마케터의 KPI가 '매출'이라면, 구직자의 KPI는 '체류시간'입니다.

체류시간을 늘려야 기회도 늘어난다

'체류시간'은 내가 제출한 서류를 면접관이 얼마나 오래, 꼼꼼히 읽었는지를 가리킵니다. 짧게 스크롤만 내리고 닫혀버린 서류라면? 통과될 가능성도 거의 없겠죠.

마케팅의 본질은 고객을 가장 먼저 이해하는 일입니다. 그들이 어떤 상황에 있고, 어떤 맥락 속에서 메시지를 받아들이는지를 아는 거예요. 우리도 면접관이 언제, 어떤 환경에서, 어떤 마음으로 서류를 읽는지를 이해할 필요가 있습니다. 대부분의 면접관은 본업이 있는 상태에서 짬을 내어 지원서를 검토합니다.

그래서 초반 몇 줄, 첫 페이지가 정말 중요합니다. 서류를 읽는 입장에서 '흥미로운 시작'이 없다면 아무리 훌륭한 성과라 해도 주목받기 힘듭니다.

이건 완전히 마케팅과 동일합니다. 고객이 광고 문구의 첫 3초 안에 관심을 가지지 않으면 전환이 일어나지 않듯이, 면접관도 초반 몇 문장에서 '읽을 이유'를 느껴야만 합니다.

하루 수십 개의 이력서를 검토하는 면접관에게 '하고 싶은 말'을 가득 담은 서류는 피로감을 줘요. 반면 면접관이 흥미로워할 만한 문장과 구조로 쓰인 서류는 훨씬 오래 읽힙니다. 그러니 내가 하고 싶은 말이 아니라 면접관이 '읽고 싶어 하는 말'을 써야 합니다. 마케팅에서 고객이 좋아할 만한 메시지를 고민하듯, '이 회사의 담당자가 궁금해할 내용은 무엇일까?'를 우선순위에 두세요. 문장의 선택, 사례의 배치, 수치의 강조점이 달라질 거예요.

실무 TIP　처음 세 줄은 광고의 헤드라인처럼 작성하세요. 구조를 다듬을 때는 '끝까지 읽히는가?'를 기준으로 삼아 체류시간(=KPI)을 관리하면 합격률이 달라집니다.

1. 채용공고 분석이 서류 작성의 시작이다

서류를 작성할 때는 공고에 적힌 문장을 재차 확인하세요. 가령 "신규 고객 유입 및 전환 전략 수립"이 업무 내용에 적혀 있다면, 화려한 경력을 강조하기보다는 '신규 고객을 타깃 삼아 어떤 실험을 해봤는지'를 구체적으로 써내는 편이 좋습니다. "신규 유입률 개선을 위해 1차 방문자와 2차 방문자의 행동 차이를 분석, 이탈 고객 재타기팅 캠페인을 기획하여 CTR을 25% 개선했습니다"처럼요.

이 한 문장만으로도 면접관은 '이 지원자는 데이터를 기반으로 문제를 해결하는 사람이구나'라는 인상을 받습니다. 내가 자랑하고 싶은 이야기를 잔뜩 써내는 행동은 오히려 무효타가 됩니다. 나의 스토리를 공고가 원하는 언어로 번역하세요.

지금 여러분이 희망하는 회사의 공고를 클릭해보세요. 주요 키워드라고 생각되는 표현이 3~5개쯤 눈에 들어올 겁니다. 그 키워드를 문서 상단에 최대한 녹여내세요. '성과 중심' 회사라면 수치로, '브랜드 중심' 회사라면 메시지와 인사이트로 어필해봅시다.

실무 TIP 지원 전에는 회사의 최근 캠페인이나 보도 자료를 체크하고, 문맥을 맞추는 디테일한 작업이 필요합니다.

2. 자기소개서를 제품 상세페이지로 생각하라

한 스타트업 대표님과 이야기를 나눴을 때, 이런 말을 들었습니다.

> "마케터들은 제품 상세페이지는 잘 쓰면서, 자기소개서는 왜 그렇게 못 쓸까?"

생각해볼 만한 질문이라 느꼈습니다. 상세페이지를 잘 쓴다는 건 고객이 궁금해할 정보를 순서대로 배열하는 능력을 가졌다는 뜻이잖아요. 그 역량을 자기소개에 녹여내면 어떨까요?

우리의 상품 구매 여정을 곱씹어봅시다. 제품을 구매할 때 우리는 우선 상세페이지에 담긴 정보를 이것 저것 살핍니다. 당연히 리뷰도 눌러봐요. 사실 제품 설명이 아무리 좋아도, 구매 결심을 굳혀주는 덴 리뷰의 역할이 크죠. 다른 소비자의 경험과 평가를 통해 신뢰가 생기기 때문입니다.

상세페이지와 자기소개서의 본질은 같다

구성 요소	상세페이지에서의 역할	자기소개서에서의 대응 요소
제품 스펙	상품의 기본 정보	본인의 직무 요약, 핵심 역량
문제 해결 포인트	고객이 겪는 불편 해결 방식	본인이 해결한 실제 문제 사례
후기 (리뷰)	신뢰성 확보	리더·동료의 추천사, 협업 후기
CTA Call to Action	구매를 유도하는 문장	'기회가 주어진다면 이러한 임팩트를 내고 싶다'로 마무리

지원 서류도 마찬가지예요. 면접관이 지원자의 자기소개서를 읽는 행위는 하나의 구매 의사 결정 과정과 비슷합니다. 이력서를 훑으며 정보를 얻고 자기소개서를 확인하며 '이 사람과 함께 일할 수 있을까?'를 판단합니다. 물론 상세페이지의 콘텐츠 구성 전체를 그대로 적용할 수는 없겠지만, 저는 리뷰 영역만큼은 도입하는 걸 추천합니다. 나와 함께 일했던 동료, 리더, 협업했던 팀원 등이 내 업무 스타일과 강점을 짧

게 언급해주는 코멘트나 피드백 문장을 추가하는 겁니다. 일종의 추천사Reference 역할이에요.

> "이 프로젝트를 함께 진행했을 때 ○○님은 항상 문제를 구조적으로 정리하고, 협업 팀이 이해하기 쉽게 설명했습니다."　　　　　　　　　 ─ 동료 디자이너 A

> "데이터 분석 결과를 인사이트로 전환하는 능력이 탁월합니다."　　　　　　　　　　　　　　 ─ 팀 리더 B

한두 줄짜리 리뷰가 등장하면, 여러분의 강점은 '본인의 주장'이 아니라 '타인이 증명해준 사실'로 바뀝니다. 지원서를 읽는 면접관이 "이 사람, 진짜 이런 일을 했겠구나"라는 확신을 갖게 만들어주죠. 신뢰를 얻는 구조가 탄탄해지는 겁니다.

주의할 점은 너무 많은 사람의 추천을 나열하면 오히려 역효과가 난다는 겁니다. '내가 강조하고 싶은 역량을 가장 잘 증명해줄 사람의 한두 줄'이면 충분합니다. 짧고 구체적인 문장형 피드백이 좋습니다. 리뷰 문장을 포트폴리오에 실을 때는 디자인 요소처럼 시각

▶ 이 정보는 누적 회원 수 680만 명에 달하는 앱을 운영하는 스타트업 대표님과 함께 찾아낸 현실 인사이트예요. 스타트업의 세계에 뛰어들고 싶다면 꼭 적용해보세요.

적인 구분을 주는 것도 가독성을 높이는 방법이에요.

실무 TIP 면접 중에도 "이 부분은 함께 일했던 팀원이 직접 평가해준 피드백입니다"라고 언급하면 믿음과 흥미를 동시에 얻을 수 있습니다.

3. 합격보다 KPI를 우선할 것

물론 취업(이직) 준비의 궁극적인 목표는 합격이지만,

그건 우리가 통제할 수 없는 변수에 가까워요. 면접관의 성향, 채용 일정, 내부 우선순위에 따라 결과가 달라지니까요. 그래서 저는 취업 고민을 상담할 때마다 이런 말을 꼭 꺼냅니다.

"합격은 결과지만, 체류시간은 전략입니다."

이건 마케팅에서의 퍼널* 구조와 똑같습니다. 유입 → 관심 → 클릭 → 전환이라는 단계를 서류에도 적용해보세요. 면접관의 시선을 끌고 → 유지시키고 → 설득하는 과정이 바로 우리의 KPI 달성 경로입니다. 즉 서류의 첫 세 줄로 '이 지원자는 다르다'는 인상을 불어넣고, 중간에는 프로젝트의 구체적인 결과로 신뢰를 주며, 마지막에는 '다음 단계로 만나보고 싶다'는 여운을 남기는 것이 체류시간을 늘리는 전략적 글쓰기입니다.

＊ **퍼널**Funnel   고객이 인지 → 관심 → 구매로 이동하는 흐름을 단계별로 표현한 모델이에요. '어디서 이탈이 많은가'를 파악해 개선하는 데 쓰여요.

첫걸음
그리고 성장통

③

현실과 선택의 기로에서
들여다볼 질문들

✓ 합격은 했는데, 아쉬움이 남아요.
   그래도 일단 입사해야 할까요?

✓ 하고 싶은 일과 주어진 일이 달라서
   혼란스러워요

✓ 퇴사 생각이 커지기 시작했어요

✓ 원하는 기업의 채용이 끝났어도,
   두드릴 방법이 있다고요?

✓ 실수했어요.
   근데 아직 팀장님은 몰라요

합격은 했는데, 아쉬움이 남아요.
그래도 일단 입사해야 할까요?

얼어붙은 채용 시장에서 합격 통보를 받았다는 건 정말 대단한 일입니다. 하지만 기쁨이 조금 가라앉고 나면 왠지 머릿속이 복잡해지죠.

'이 회사가 내가 원하던 곳이 맞나?'

'조직 분화가 별로라는 후기가 있던데…….'

'내 커리어에 마이너스만 되는 건 아닐까?'

이건 너무나 자연스러운 생각입니다. 첫 단추를 멋지게 끼우고 싶은 마음은 누구나 같으니까요.

그럼에도 저는 조심스레 권하고 싶습니다. 일단 입

사해보세요. 물론 어떤 경우든 간에 무조건 입사부터 하라는 뜻은 아니에요. 명백히 위험한 요소가 있다면 피해야 마땅하겠죠. 다만, 대부분의 경우 실무 경험은 여러분의 커리어를 한 단계 끌어올리는 가장 빠른 길입니다.

이론보다 실천이 성장을 만든다

실무 경험의 중요성은 몇 번을 강조해도 지나치지 않습니다. 마케터는 현장에서 거의 모든 것을 배웁니다. 대외활동이나 부트캠프, 수많은 강의는 기초만 다져줄 뿐입니다. 완벽한 취업 준비를 하겠단 마음으로 오래 정진한다 해도 결국 '기초를 오래 다진 사람'에서 그칠 가능성이 큽니다. 실제 회사에서 예산을 쓰고, 캠페인을 집행하고, 데이터로 결과를 보는 경험은 전혀 다른 차원의 배움이에요.

이렇게 힘주어 말하는 데는 이유가 있습니다. 제가 그 산증인이거든요. 저도 마케팅을 처음 시작했을 때는 이론만으로 자신만만했습니다. 공부는 완벽히 해뒀으니 실행만 하면 될 거라고 생각했어요. 그러나 첫 캠페인에서부터 고객 반응을 예상하지 못해 전환율이 형편없이 떨어져 버렸습니다. 그때 처음으로 '아, 이게 실전이구나'를 절감했죠.

이런 시행착오를 회사라는 안전한 틀 안에서 경험해볼 수 있다는 건 축복입니다. 실패해도 팀이 함께 복구하고, 시스템 안에서 원인을 분석할 수 있으니까요. 완벽한 회사를 기다리며 심기일전하기보다는, 배울 수 있는 현장에 빨리 뛰어드는 편이 좋습니다.

단, 말했다시피 예외는 늘 있습니다. 커리어 목표와 전혀 맞지 않는 산업군일 때, 윤리적 문제나 조직 내 갈등 이슈가 명확할 때, 해당 기업이 신입을 단순 소모용 인력으로만 굴리는 구조로 정평이 나 있을 때. 이런 경우는 장기적인 관점에서 외려 성장의 발목을 잡을 수 있습니다. 하지만 단순히 '조금 더 준비하고 싶은데?' 혹은 '혹시 더 좋은 곳이 있지 않을까?'라는 생각이 강하다면, 미루고 싶은 마음이 만들어낸 핑계는 아닌지 곱씹어보세요. 완벽한 시작보다 중요한 건 빠른 실행입니다.

AI 시대, 신입으로 살아남아야 한다

마케팅 업계에서도 AI는 실무를 빠르게 바꾸고 있어요. 데이터 분석, 카피라이팅, 이미지 제작 등 과거에는 신입이 도맡았던 '보조 업무'의 상당 부분이 이제 자동화되는 추세입니다.

수많은 기사가 말해주듯, AI는 특정 직업군이라기보다도 특정 연차(신입)를 대체한다는 분석이 설득력 있습니다.[4] AI가 다수하고 반복적인 일을 대신하면 기업은 신입을 채용하는 대신 바로 투입 가능한 경력자를 선호하게 되겠죠. 즉 커리어 초입에서 가장 중요한 건 AI보다 빠른 학습력입니다. AI가 데이터를 계산하는 동안 우리는 그 데이터의 맥락과 사람의 심리를 읽어야 합니다. 그건 실무 경험으로만 배울 수 있는 영역이고요.

첫 회사의 진짜 가치는, 그곳에서 배우는 기술보다도 '판단의 기준'을 세워준다는 데 있습니다. 실무를 경험해본 사람만이 압니다. 회의 때 어떤 아이디어를 내야 현실적인지, 예산 대비 효율이 얼마나 나올지, 협업이 왜 막히는지를요. 이건 세계적인 석학들의 강의로도 배울 수 없습니다. 단 한 번이라도 실행해본 사람만이 얻을 수 있는 '감각의 차이'입니다.

환승 취업, 실무와 기회를 병행하는 전략

지금 제안받은 회사가 완벽하지 않더라도 괜찮습니다. 환승 이직이라는 전략을 취하면 돼요. 회사에서 짧게 쌓은 한 번의 경험이 '신입'을 '중고 신입'으로, 시장 가치가 급격히 상승하는 인재로 바꿔줍니다.

환승 취업은 사실 체력전입니다. 낮에는 회사에서 실무를 배우고, 퇴근 후에는 포트폴리오를 업데이트하고, 주말에는 다음 커리어의 방향을 설계해야 하거든요. 쉽지는 않지만 심리적인 안정 아래 가장 현실적으로 취할 수 있는 커리어 성장 방식이기도 합니다.

환승 취업의 뚜렷한 장점은 실무 경험이 있다는 이유만으로도, 내 지원서가 채용 담당자의 눈에 더 오래 머문다는 겁니다. AI가 점점 초보 직무를 대체하는 시대, 실무 경험자의 가치는 더 커지고 있습니다.

회사랑 안 맞을 땐? 나오면 그만!

"일단 가보고, 안 맞으면 나오면 되지."

이 단순한 문장이야말로 커리어 초반의 정답입니다. 신입 분들은 이 말을 쉽게 받아들이지 못합니다. '정말 그만둬도 괜찮을까?', '여기 붙은 것도 감지덕지인데, 며칠 다니다 퇴사하면 내 경력에 문제 생기는 거 아냐?' 당연한 걱정입니다. 하지만 세상은 생각보다 차갑지 않아요. 요즘 대부분의 기업은 퇴사 기록 자체보다도 '왜 퇴사했는가'를 더 중요하게 봅니다. 명확한 이유와 배움을 가지고 다음 스텝을 내디딘 사람은 오히려 긍정적인 평가를 받아요.

이런 판단이 중요한 이유는 따로 있습니다. 짧게라도 직접 경험해본 사람들은 공백기를 두려워하지 않습니다. 현장을 배웠으니, 빠르게 재정비하고 새로운 방안을 모색하면 된다는 걸 알거든요.

일단 입사해보세요. 움직여야 방향이 생기고, 방향이 생겨야 속도가 붙는 법입니다.

하고 싶은 일과 주어진 일이
달라서 혼란스러워요

'어? 내가 하기로 했던 일은 이게 아닌데?'

채용공고에서 기대했던 역할과 실제로 내게 주어진 업무 사이엔 간극이 클 때가 많죠. 처음에는 당황스럽기도 하고, '잘못 들어온 거 아냐?' 싶어 걱정되기도 합니다. 시간이 지나 하고 싶은 일이 명확해질수록 지금 맡은 일이 내가 그리는 커리어와 점점 멀어지는 듯한 불안한 순간도 찾아오고요.

예컨대 나는 콘텐츠 마케터가 되고 싶었는데 퍼포먼스 광고 집행만 하고 있다든지, CRM을 배우고 싶은데 오프라인 이벤트만 반복적으로 맡고 있다면? 괴리감이 나날이 커지는 게 당연합니다. 이런 상황에서 오는 좌절감은 자연스러운 감정입니다. 그 감정을 어떻게 다루고, 이후 어떤 행동으로 바꾸느냐가 관건입니다.

정말 원하는 방향으로 가고 싶다면

저 역시 콘텐츠 마케팅에서 그로스 마케팅으로, 다시 CRM 마케팅으로 넘어오면서 매번 낯선 업무를 받아들여야 했습니다. 그 과정에서 시행착오도 많이 겪었어요.

그럴 때마다 제가 했던 일은 앞에서도 언급한 '채용 공고 뜯어보기'였습니다. 제가 원하는 직무의 공고를 모아 반복적으로 등장하는 키워드와 요구 역량을 정리하는 식이었죠. 이 과정을 통해 '내가 지금 하고 있는 일과 하고 싶은 일 간에 어떤 차이가 있는지'를 구체적으로 이해할 수 있었고, 그 간극을 메우기 위한 로드맵도 세울 수 있었습니다. 여기에 그 로드맵을 소개해볼게요.

1. 시작은 작은 실험으로

작은 실험은 새로운 직무로 옮겨가기 위한 가장 현실적인 방법입니다. 그로스 마케터로 일했을 때, 저는 어느 순간부터 좀 더 세밀하게 고객의 관점에서 맞춤형 마케팅을 할 수 있는 CRM 직무에 눈길이 갔습니다. 그래서 CRM 마케터의 채용공고를 수집하고 살펴봤죠.

공고의 '기본 업무'로 제시된 일은 앱 푸시나 문자, 카카오 메시지 발송 등 채널 운영이 대부분이었습니다. 다행히 유사한 업무 경험이 있었기에, 이 경험을 어떻게 발전시켜 적용할 수 있을지에 집중해보기로 했습니다. 처음부터 욕심을 내서 전혀 새로운 경험에 뛰어들지는 않았어요. 본업에 지장을 주지 않는 선에서 최소 단위의 업무 확장을 선택했습니다.

당시에 다니던 회사는 문자 발송을 많이 하던 곳이었는데요. 기존엔 타기팅을 하지 않고 전체 회원에게 발송하는 단순 전체 발송 방식만 사용하고 있었습니다. '작은 실험'을 시작한 저는 발송 타깃을 세분화해 맞춤 발송을 시도하기 시작했어요. 작은 변화였지만 성과는 눈에 띄게 개선되었고요.

더 잘하고 싶은 마음에 저는 CRM 솔루션을 하나둘 찾아보기 시작했습니다. 개인화 액션을 자동화해주는 툴은 분명 많았지만, 당시 회사 상황에서 도입하기에는 비용이 만만치 않았습니다. 선택지는 명확했습니다. 툴을 기다리거나, 지금 가진 자원으로 최대한 비슷한 경험을 만들어보거나. 저는 후자를 택했습니다.

개인화 액션의 본질은 솔루션이 아니라 데이터에 접근하는 데 있다고 생각했습니다. 그래서 CRM 툴이 아닌, 직접 데이터를 다뤄보는 방식을 시도해보기로 했습니다. SQL을 활용해 고객 데이터를 확인하고자 한 겁니다. 문제는 처음부터 벽에 부딪혔다는 점이었습니다. 내규상 마케터에게는 데이터 접근 권한이 열려 있지 않았거든요.

그럼에도 포기할 수는 없었습니다. 개발 팀장님에게 개인화 타기팅이 성과 개선에 어떤 영향을 줄 수 있는지 설명드렸고, 전면적인 권한이 아닌 필요한 일부 데이터만이라도 열어달라고 여러 차례 설득을 이어갔습니다. 그렇게 겨우 최소한의 접근 권한을 얻을 수 있었습니다.

확보한 데이터는 고객 행동 로그, 접속 횟수, 구매

이력, 가입 일자 등이었어요. 저는 이 데이터를 기반으로 고객을 나누고, 상황에 맞는 메시지를 설계해 발송했습니다. 결과는 명확했습니다. 기존 방식보다 분명히 더 나은 성과가 나왔습니다. 그렇게 작은 실험이 반복되며 성과는 점점 쌓여갔습니다.

성과가 보이자 자연스럽게 조직 전체의 관심도 높아졌습니다. 저는 개인화 타기팅의 효과를 전사적으로 공유했고, 이후 개발 팀 역시 협조적인 분위기로 바뀌기 시작했습니다. 다만 데이터 접근 권한 자체를 공식적으로 열어주는 데는 여전히 한계가 있었어요. 대신 개발 팀장님이 갱신되는 유저 속성 데이터를 엑셀 파일로 매일 추출해 이메일로 전달해주는 방식으로 협업을 이어가게 되었습니다.

지금 돌아보면 매우 비효율적인 방식이었습니다. 시간도 많이 들었고, 수작업도 많았으니까요. 그럼에도 이 과정을 통해 저는 CRM 마케팅의 기본기와 개인화 실험의 구조를 몸으로 익힐 수 있었습니다. 제한된 환경에서도 작은 실험을 빠르게 실행하고, 성과로 증명하는 경험은 이후 제 커리어의 중요한 자산이 되었습니다.

실무 TIP 주어진 환경에서 최선을 다해 실험하세요. 특정 솔루션 경험이 없다 해도, '이런 방식으로 대체해서라도 개인화를 시도해봤다'는 사례 자체가 면접에서 좋은 평가를 불러와요. 저의 경우에도 여러 면접관이 '주어진 자원을 최대한 활용해 문제를 해결하는 힘'을 높이 평가했습니다.

2. 방향을 향한 움직임을 보여줄 것

현재 맡은 업무 속에서 방향성을 드러내는 것도 중요합니다. "저 이거 하고 싶어요!"라고 단순하게 주장하는 일과는 다릅니다. 조직은 개인의 희망을 말로만 듣고 움직이지 않아요. 지금 주어진 업무에서 성과를 내고, 그 안에서 새로운 가능성을 제시하는 사람에게 기회를 줍니다.

예컨대 퍼포먼스 광고를 집행한다면, 단순히 클릭률과 전환율만 보고하는 게 아니라 CRM 관점에서 고객군별 반응 차이를 분석하고 인사이트를 공유하세요. '저 사람은 광고 집행자가 아니라, 고객 데이터를 기반으로 전략적 시각을 펼칠 줄 아는 마케터구나'라는 인상이 생깁니다. 이건 제가 경험한 결과이기도 해요. 광고 데이터 분석을 CRM 시각으로 정리해 팀 미팅에서 공유했을 때, 흥미를 보인 경영진이 저를 새로운 CRM 프로젝트의 파일럿 멤버로 참여시킨 적이 있거든요. 행동으로 보여주는 방향성은 작더라도 괜찮습니다. 일단 조금씩 부딪히는 겁니다.

현실적으로 말하자면 '지금 맡은 역할에서 1인분 이상의 성과를 내는 것'도 중요합니다. 사실은 이게 선행되어야겠죠. 기본적인 성과 없이 '이것도 저것도 한번씩 해보고 싶다'고 이야기하는 건 동료에게도, 조직에게도 설득력을 주지 못합니다. 본업에서 충분히 기여하는 모습을 보이면서 그 위에 원하는 역량을 토핑처럼 얹어본다면 조직도 반드시 기회를 줄 거예요.

실무 TIP　원하는 직무를 향해 움직일 때는 현재 업무와의 연결고리를 찾아야 합니다. 콘텐츠 운영자인데 CRM에 관심이 있다면, 뉴스레터 오픈율·클릭 데이터를 CRM 관점으로 재해석해보세요. 광고 담당자인데 브랜딩에 관심이 있다면, 캠페인 소재의 톤앤매너를 브랜드 메시지와 연결해 제안하는 겁니다.

산업군까지 바꿀 수 있을까

처음 선택한 업계가 향후 커리어를 확정지을까 봐 두려워하는 분들도 적지 않습니다. 직무뿐 아니라 산업군까지 바꾸는 일, 과연 가능할까요?

결론부터 말하면 가능합니다. 저부터도 홈클리닝 스타트업에서 에듀테크 기업으로, 다시 패션 커머스로 세 번이나 산업군을 바꾸며 커리어를 이어왔어요. 주변의 마케터들도 대부분은 한 산업군에만 머무르지 않고, 여러 번의 전환을 통해 시야를 넓히며 성장했습니다.

각 산업군마다 고유한 고객 특성과 사이클은 존재합니다. 패션 커머스는 시즌별 변동과 트렌드 속도가 빠르고, 에듀테크는 장기적인 학습 데이터와 이탈 방지 전략이 중요합니다. 이런 특성을 이해하지 못하면 적응이 늦어질 수도 있어요. 따라서 산업군 전환 시에는 단순히 '나는 마케팅 경험이 있다'를 어필하기보다는, '나는 새로운 산업의 언어와 고객 맥락을 빨리 학습할 수 있는가?'를 스스로 질문해야 합니다.

다만 본질적으로 중요한 건 산업군 자체가 아니라

직무 역량입니다. 모든 기업은 '이 산업의 문제를 해결할 수 있는 사람'을 원하니까요. 내가 경험한 산업군이 무엇이든, 현재 이 회사의 과제를 해결할 수 있다는 증거를 보여준다면 기회는 열리기 마련입니다.

실무 TIP　산업군을 바꿀 때는 '내가 이 산업에 가진 전문성'보다 '내가 쌓은 직무 경험이 어떻게 이 새로운 산업에도 통하는가'를 강조하세요. 가령 에듀테크 기업에서 패션 커머스 기업으로 이직하는 상황이라면, "저는 회원 이탈 방지 및 리텐션 전략에 강점이 있습니다"를 어필하는 겁니다.

하고 싶은 일과 주어진 일은 당연히 다를 수 있습니다. 보통은 정확히 일치하는 경우가 더 드물겠죠. 괴리감을 느끼는 건 이상한 일이 아닙니다. 자연스럽고 건강한 성장 욕구입니다. 그렇지만 그 욕구를 불평으로만 소비하면 상황은 달라지지 않아요. 그 감정을 설계와 실행으로 바꾸는 '행동'이 열쇠입니다.

내가 원하는 직무 공고에서 요구하는 역량을 정리하고, 지금 환경에서 최소 단위로 실험하며, 성과와 배움을 기록해 포트폴리오로 남기는 것.

이 과정의 반복은 여러분을 원하는 직무로 옮겨주는 발판이 됩니다. 때로는 열심히 행동하는 여러분을 눈여겨본 조직이 먼저 그 방향으로의 기회를 건네기도 합니다.

불만은 성장의 씨앗입니다. 하고 싶은 일이 나날이 구체화된다면, 오늘 바로 작은 실험으로 표현하세요.

퇴사 생각이
커지기 시작했어요

특별한 사건이 없다 해도 퇴사 생각은 종종 움트기 마련입니다. 저도 지금까지 세 번의 퇴사를 겪었어요. 그러니 그 마음이 얼마나 무겁고 복잡한 감정인지 잘 알고 있습니다.

퇴사 생각이 들 때, 고려해야 할 다섯 가지

퇴사 생각은 먹구름과 마찬가지예요. 머리 위에 먹구름이 둥둥 떠다닌다 해서 반드시 비가 오진 않듯이, 퇴사 생각이 든다고 해서 곧장 행동으로 옮기는 경우는 잘 없습니다. 하지만 그 생각이 쌓이고 무거워질수록 결정의 비가 내리는 순간은 가까워집니다.

그렇다면 이 먹구름은 대체 어떻게 관리해야 할까요? 어떤 부분을 점검하고 고민해봐야 할까요? 지금부터 제가 정의한 다섯 가지 기준을 풀어보겠습니다. 제 경험과 여러 동료들의 지혜를 바탕으로 정리한 항목들이에요.

1. 내 패는 섣불리 꺼내지 말자

많은 분들이 퇴사의 충동이 들끓는 즉시 감정을 말로 꺼내는 실수를 저지릅니다. "나 진짜 퇴사할까 봐"처럼요. 이 말은 생각보다 빠르게 퍼지고, 의도치 않게 나의 신뢰도를 깎습니다. 같은 팀 동료는 특히 조심해야 합니다. 듣는 사람은 '어라? 이 사람이 퇴사하면 그 업무는 누가 하는 거지?' 같은 불안을 느끼거든요.

가볍게 꺼낸 퇴사 이야기가 조금이라도 새어 나가면 팀 내 분위기가 미세하게 흔들리고, 그러다 예상치 못한 루머가 시작될 수도 있습니다. 한 번 퍼진 퇴사설은 당사자가 번복하더라도 완전히 회복하기 어려워요.

'진짜 퇴사 예정자'는 티를 내지 않습니다. 회사 욕이 줄어들고, 표정은 평온해지고, 묘하게 친절해지기까지 하죠. 진짜들은 늘 불평보다 정리에 몰두합니다. 그러니 퇴사를 결심했다면, 가벼운 하소연 대신 조용한 준비를 시작하세요.

> **실무 TIP** 불안하거나 답답할 때는 회사 밖의 사람에게 먼저 털어놓으세요. 확신이 들기 전까지는 감정을 여기저기 공유하는 것보다 혼자 기록하는 편이 좋습니다. 정제되지 않은 감정을 한 꺼풀 털어내야 합니다.

2. '이 문제는 내가 해결할 수 있는 걸까?'

충동이 반복된다면 구조를 분석해야 합니다. 감정은 순간이지만, 구조는 지속입니다. 퇴사를 결심하게 만드는 요인은 대부분 두 가지예요. 첫째는 내가 통제할 수 있는 문제, 둘째는 내가 통제할 수 없는 문제입니다.

예를 들어 업무 과중이 원인이라면, 단순히 '일이 많아서 못 견디겠다'로 끝낼 게 아니라 왜 일이 몰리는지, 어떤 프로세스가 비효율적인지를 따져봐야 합니다. 일정 조정, 업무 분배 개선, 리소스 요청 등의 시도로 개선될 수 있는 부분이라면 먼저 시도해보는 게 좋습니다. 이런 시도 자체가 향후 면접에서도 '조직 내에서 문제를 해결하려 노력했다'는 긍정적 신호로 작용하고요.

상사와의 갈등이 원인이라면, 일단 내 커뮤니케이션 방식을 점검할 필요가 있겠죠. 상대방의 스타일을 이해하고 대화 타이밍이나 표현 방식을 조금만 바꿔도 분위기가 달라지는 경우가 많아요.

이런 노력에도 불구하고 상황이 변하지 않는다면 그건 정말 '떠나야 할 신호'일지 모릅니다. 내가 통제할 수 없는 문제가 되어버린 거니까요. 아무리 애써도 구조적으로 바뀌지 않는 문제는 개인의 한계라기보다 조직의 한계에 가깝습니다.

3. 마음을 정했다면, 빠르게 움직일 것

결정 후에는 행동을 미루지 마세요. 퇴사 결심으로 머리가 가득 찼는데 꾸역꾸역 출근만 이어간다면 자연히 퍼포먼스는 떨어지고, 내적 피로가 쌓여갑니다. 회사 입장에서도 이미 마음이 떠난 구성원에게 핵심 업무를 맡기긴 어려워요. 티가 다 나거든요. 미묘한 거리감을 감출 수가 없으니 팀원들과도 서먹해지고, 본인도 일에 몰입하지 못합니다.

보통 퇴사를 미루는 이유는 두 가지입니다. 동료에 대한 미안함과 '혹시 여기가 나의 고점인 건 아닐까?' 하는 불안이에요. 하지만 회사는 굴러가고, 인생도 어디론가 나아가기 마련입니다.

'이번 분기까지만 하자', '후임이 올 때까지만 버티자' 같은 생각이 제일 위험합니다. 정갈한 마무리는 여러분의 평판을 지켜주고, 다음 커리어의 출발선을 더 단단히 그어줍니다.

> **실무 TIP**   인수인계 플랜은 문서로 미리 만들어두세요. 남은 기간에는 '퇴사자가 아니라 프로로서 마무리하겠다' 는 마음으로 임하세요.

4. 끝이 좋아야 다음이 더 빛난다

마케팅 업계는 특이나 좁습니다. 어제의 동료가 내일의 클라이언트가 되고, 오늘의 상사가 다음 회사의 협업 파트너로 다시 나타나죠. 따라서 퇴사 시점의 태도는 단순히 예의의 문제가 아니라, 평판 관리의 핵심입니다. 마지막까지 인수인계를 성실히 하고, 감정적인 말을 남기지 않는 것만으로도 여러분의 커리어 신뢰도는 상승할 거예요. 퇴사 메일이나 마지막 회의에서 전하는 말 한마디도 중요합니다.

사람들은 떠날 때의 모습을 오래 기억합니다. '끝맺음이 매끄러웠던 사람'으로 기억되면 다음 기회를 더 쉽게 얻어요. 실제로 헤드헌터들은 지원자의 퇴사 이유뿐 아니라 마지막 직장에서의 마무리 태도를 유심히 봅니다.

실무 TIP 인수인계 자료를 남길 때는 후임자가 보기 쉽게 'Why'를 포함합시다. 인수인계 파일은 내가 떠난 자리에도 한동안 남아 공유되는 자료라는 점을 잊지 마세요.

5. 도망친 곳에 정말 낙원은 없을까

흔히들 "도망쳐서 도착한 곳에 낙원은 없다"라고 합니다. 하지만 저는 다르게 생각해요. 이 말은 '노력하지 않고 도망치면 아무것도 변하지 않는다'는 뜻이지, '떠나면 안 된다'는 의미가 아닙니다. 방향을 바꾸기 위한 이탈은 회피가 아니라 선택이잖아요.

도망쳤다는 표현은 부정적으로 들리지만, 저는 오히려 그 안에서 자기 인식의 시작을 봅니다. 도망친

후에야 내가 정말 원했던 일이 무엇인지, 어떤 환경에서 행복할 수 있는지를 배우기도 하거든요.

퇴사를 결심했다면 스스로를 탓하지 마세요. 그리고 한 걸음의 용기로 인생의 전환점을 직접 만들어보세요. 도망은 도피가 아니라 탐색일 때 가장 유의미합니다. 커리어는 언제나 새롭게 설계될 수 있습니다.

원하는 기업의 채용이 끝났어도,
두드릴 방법이 있다고요?

저의 이직 경험담을 잠깐 풀어볼게요. 지금 다니는 회사가 나쁘진 않지만, 더 이상 성장하는 느낌이 들지 않고 일에 대한 의욕도 점점 줄어드는 때. 그런 시기에 저는 이직을 결심했습니다. 더 나은 환경에서 일하고 싶다는 바람이 컸죠.

　문제는 제가 원한다고 해서 바로 사직서를 내고 이직 준비에 올인할 수는 없었다는 겁니다. 누구나 비슷할 거예요. 현실적 제약, 경제적 부담, 실패했을 때의 리스크가 동시에 머릿속을 스치죠. 그래서 저는 본업을 유지한 채 퇴근 후와 주말을 쪼개 이직 준비를 병행하는 전략을 택했습니다.

이것도 생각보다 쉽지 않았어요. 이직 준비는 단순히 이력서를 손보는 걸로는 끝나지 않습니다. 경력 정리, 포트폴리오 업데이트, 자기소개서 작성, 기업 분석, 인터뷰 준비까지. 본업과 병행하다 보면 체력과 정신력이 줄줄 소모됩니다.

바쁘게 준비하던 어느 날, 우연히 저는 제가 정말 가고 싶었던 회사의 채용공고를 발견했습니다. 마감일은 단 하루밖에 남지 않았더군요. 평소에는 틈틈이 체크해왔는데, 눈코 뜰 새 없이 바빠 채용공고 자체를 뒤늦게 확인해버린 거였어요. 급하게 지원서를 정리했지만 준비가 덜 된 상태라 결국 지원조차 하지 못했습니다.

며칠이 지나고도 그 회사가 계속 뇌리에 밟혔습니다. 지원 마감일을 놓친 건 제 실수였지만, 아쉬움이 쉽게 사라지진 않더라고요. 그때 제가 선택한 방법이 바로 콜드 메일Cold Mail이었습니다.

콜드 메일, 이직에도 통할까?

콜드 메일은 본래 세일즈 영역에서 고객을 발굴할 때 자주 쓰이는 방식입니다. 아직 관계가 없는 잠재 고객에게 먼저 다가가 메시지를 전달하는 전략이죠. 반응률은 높지 않습니다. 상대는 나를 아예 모르고, 때로는 내 제안을 읽을 이유조차 없기 때문입니다. 그렇기에 오늘날에는 대부분 시도조차 하지 않아요.

하지만 저는 오히려 그 점이 매력이라고 생각했습니다. 아무도 시도하지 않으니 경쟁률이 낮고, 시도 자체로도 차별화가 될 수 있겠다 싶었어요. 이직이라는 맥락에서 본다면 더 유의미하죠. 이직은 나 자신을 세일즈하는 일이니까요.

물론 통할 확률은 낮습니다. 그래서 저는 이 방법을 '1%의 가능성에 거는 도전'이라고 정의했습니다. 지원조차 하지 않으면 0%에서 끝이지만, 메일을 보내면 최소한 1%의 기회는 열리는 셈이니까요. 커리어에서 중요한 기회는 이렇게 미세한 가능성을 붙잡는 데서 출발합니다.

과연 제가 시도한 1%의 가능성은 통했을까요? 놀

랍게도 그랬습니다. 회사로부터 회신이 온 겁니다. '간단히 티타임을 가져보자'는 내용이었어요. 이윽고 저는 실무 담당자와 만남을 가질 수 있었습니다. 이후 정식 면접까지도 연결되었고요.

콜드 메일, 이렇게 써보세요

혹시 지금 원하는 회사의 공고가 끝났다는 이유로 실망한 분이라면, 콜드 메일이라는 가능성을 두드려보세요. 콜드 메일은 무턱대고 보내면 스팸 메일처럼 보이기 쉽습니다. 따라서 전략적인 접근이 필요합니다.

1. 컨택 포인트 확보하기
컨택 포인트의 기본은 공식 루트를 활용하는 겁니다. 채용공고에 기재된 인사 팀의 메일 주소, 홈페이지의 HR 이메일, 혹은 인재풀 등록 제도 등이 여기에 해당해요. 링크드인LinkedIn 같은 네트워킹 플랫폼에서 채용 담당자를 찾아보는 것도 방법입니다. 다만 대뜸 직접적인 메시지를 보내기보다는, 먼저 팔로우를 하고

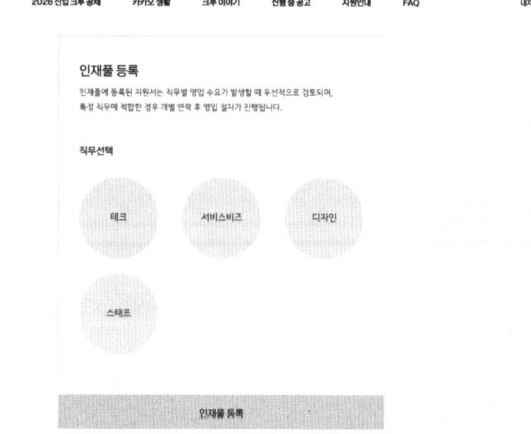

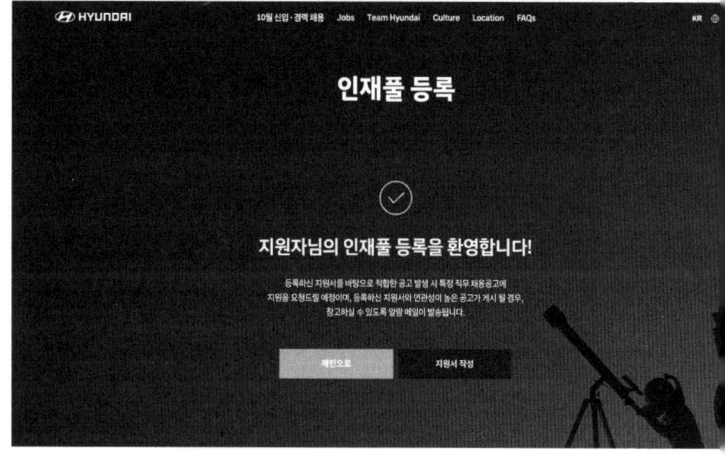

▶ 인재풀 등록 제도를 활용하는 기업은 생각보다 많아요. 관심 가는 기업
이 있다면, 우선 인재풀 등록 제도를 통해 적극적으로 시도해보세요.

관심을 드러낸 뒤 접근하는 게 예의에 맞겠죠?

실무자를 직접 찾는 방법도 있지만, 인사팀이나 공식 채용 담당자를 거쳐 소통하는 편이 훨씬 확률이 높습니다.

2. 제목은 간결하게, 목적은 명확하게

바쁜 담당자는 길고 애매한 제목을 클릭하지 않습니다. 간결하고, 직접적이고, 명확해야 합니다. "마케팅 포지션 지원 의사 전달드립니다"처럼요.

메일 본문에는 장황한 자기소개와 포부를 담지 않아도 괜찮습니다. 해당 기업에 얼마나 관심이 있는지, 직무를 향한 진정성이 얼마나 큰지를 일일이 어필하지 않는 편이 좋아요. 간결함이 핵심입니다. '내가 할 수 있는 일'과 '해냈던 일'을 요약해 전달하세요. "저는 A 업계에서 B 성과를 만들어낸 김○○입니다. 귀사의 C 프로젝트에 큰 관심이 있으며, 해당 포지션에 기여할 수 있다고 생각합니다" 정도의 톤이면 충분합니다. 성과도 축약해 보여주세요.

콜드 메일은 임팩트가 중요합니다. 벅차지 않은 톤으로 차분하게 용건을 적어보세요. '왜 이 회사인가?'

와 '내가 가진 강점은 무엇인가?'라는 두 가지 내용을
중심에 둬야 합니다.

3. 진정성은 담되, 부담은 주지 말 것

회신을 요구하는 강압적인 문구는 독이 됩니다. 마무
리하는 문장은 "추후 기회가 된다면 연락 부탁드립
니다" 혹은 "간단한 티타임이나 온라인 미팅이 가능
하다면 감사하겠습니다" 정도가 적절합니다. 담당자
가 당장은 바빠서 연락을 주지 못하더라도, 기억 속에
'진정성 있는 지원자'로 남을 수 있어요.

문은 내가 두드려야 열린다

다음의 내용은 제가 실제로 전송했던, 그리고 회신 후
티타임과 면접으로 이어졌던 콜드 메일의 사례입니
다. 제가 이 과정을 통해 배운 점은 명확합니다. 때로
는 스스로 두드려야 열리는 문이 있습니다. 채용공고
가 마감되었다 해서 끝이 아닙니다. 닫힌 문이라 해도
다른 방식으로 얼마든지 열 수 있어요.

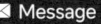

제 목 [□□그룹 인재풀 등록 요청_CRM] 안녕하세요.
　　　 □□그룹 CRM 포지션 인재풀 등록 요청드립니다.

안녕하세요, □□그룹의 CRM 마케팅 포지션 인재풀 등록을 희망하는 김민규입니다.

먼저 바쁘신 중에도 메일 읽어주셔서 감사합니다.

현재 □□그룹의 CRM 마케팅 포지션이 열려 있지는 않지만, 기회가 오기만을 기다리기보다는 능동적으로 도전하고자 인재풀 등록을 요청드립니다.

제가 생각하는 CRM 마케터로서의 저의 강점은 두 가지입니다.

1. 약 600개 이상의 CRM 푸시 시나리오를 테스트해본 경험과 이를 운영할 수 있는 인내력, 실행력을 갖췄습니다.

CRM은 '우리의 고객을 얼마나 잘 이해하는지'가 핵심이라고 생각합니다. 이를 위해선 발송 채널, 타이밍, 메시지 등을 끊임없이 실현하며 '고객 이해 가이드라인'을 만들어야 합니다.

현재 ◇◇사에서 '고객 세그먼트×발송 타이밍×발송 메시지×CTA(랜딩 유도 페이지)'라는 네 개의 변수를 조합하여 약 600개 이상의 푸시 시나리오를 진행하고 있습니다. 인내력과 실행력을 장착한 저는 누구보다 빠르게, 많은 인사이트를 발견할 수 있습니다.

2. 유입부터 전환, 추천까지 비즈니스의 풀 퍼널Full-Funnel을 직접 설계해본 경험이 있습니다.

저는 푸시 메시지를 발송하기 전부터 발송하는 상황, 그 이후까지를 설계할 수 있는 CRM, On-site Marketer입니다.

2016년, 대한민국 1위 홈서비스 기업 A사에서 Earned / Owned Media를 활용하여 브랜드 인지도 확산, 유입 경로 최적화를 배웠고,

2018년, 대한민국 1위 영어회화 기업 B사에서 회원들의 가입부터 구매-추천 경로까지 직접 점검하여 Full-Funnel 설계의 경험을 하고 있습니다.

상기 경험을 통해 고객들이 푸시 메시지를 받고 난 이후의 상황까지 고려하여 큰 그림의 CRM 전략을 설계하는 역량을 배웠습니다.

추후 포지션이 열리거나 현재 추가 채용 예정이 있다면,

혹은 간단히 티타임을 원하신다면 언제든 연락 주세요.

이력서와 포트폴리오는 첨부파일로 전달드립니다.

감사합니다.

RE:

안녕하세요, 김민규 님.

□□그룹 채용 매니저 박○○입니다.

□□그룹에 관심을 가지고 메일 주셔서 감사합니다.

현업 팀과 함께 김민규 님의 메일, 이력서와 포트폴리오

를 확인했습니다.

괜찮으시다면 티타임을 진행했으면 합니다.

회신 부탁드립니다.

삼사합니나.

취업과 이직은 나를 세일즈하는 일입니다. 세일즈에서 가장 중요한 건 고객이 아직 모르는 가치를 내가 먼저 제안하는 거예요. 회사들도 종종 '지금은 아니라

해도, 나중에 필요할 수 있는 사람'을 기억해두곤 합니다. 닫힌 문을 건드려보지도 않고 돌아서진 마세요. 작은 용기가 길을 만들어줄지도 모릅니다.

실수했어요.
근데 아직 팀장님은 몰라요

잠깐 밸런스 게임을 해볼까요? 여러분에게 함께 일할 동료 한 명을 팀에 배정할 수 있는 권한이 생겼다고 기정합시다. 여러분은 아래 두 동료 중 어떤 팀원을 선택할 건가요?

▸ 1번: 일 처리 속도는 빠르지만 그만큼 실수도 잦은 팀원
▸ 2번: 남들보다 훨씬 느리게 일하지만 퀄리티는 완벽한 팀원

선뜻 어느 한 쪽을 고르기가 힘들죠? 빠른 동료는

속도가 강점이지만 중대한 실수를 반복할 수 있고, 완벽을 추구하는 동료는 실수는 적지만 같이 일할 때 속이 터질 만큼 느릿느릿할 테니까요.

이번에는 '실수'에 대해 이야기해보려 합니다. 마케터에게는 창의력과 전략뿐 아니라 꼼꼼함도 중요합니다. 특히 CRM 마케터는 고객에게 메시지를 보내고 프로모션을 설계하는 등 직접적인 접점을 다루는 만큼, 실수 하나가 브랜드 이미지와 직결되기도 해요. 하지만 아무리 꼼꼼히 일해도 사람이라면 한두 개씩은 뭔가를 놓치기 마련입니다. 저도 그간 수많은 실수를 저질렀어요. 그 실수들이 제게 준 교훈도 결코 적지 않습니다.

실수 이후가 진짜 실력이다

실수는 누구나 할 수 있지만 반복되는 실수는 위험합니다. 그렇다고 완벽만을 좇으면 업무 속도가 지나치게 느려지고, 주어진 기한에 맞추지 못하는 또 다른 문제가 생겨버려요. 그러니 속도와 정확성, 즉 1번과

2번 간의 균형을 꼭 잡아둬야 합니다.

제가 더 중요하게 생각하는 부분은 따로 있습니다. 바로 '실수 이후의 대처'예요. 이미 엎지른 물은 주워 담을 수 없는 법이에요. 어떻게 그 물을 잘 닦아내느냐가 일의 분기점을 정합니다.

실수1. 고객 이름이 뒤바뀐 문자 발송 사고

제 에피소드를 풀어볼까요? 한 번은 문자 메시지를 대규모로 발송하는 작업 중 고객 성명과 전화번호가 불일치해 A 고객에게 B 고객의 이름이 들어간 문자가 발송된 적이 있었어요. 원인은 단순했습니다. 엑셀에서 복사-붙여넣기를 하다 줄이 하나씩 밀리며 전체 데이터가 꼬인 거였죠.

불행 중 다행인지, 내부 테스트용으로 번호를 등록해뒀던 팀원이 메시지를 받은 직후 오류를 알려줬습니다. 즉시 확인해보니 전수 오류가 발생한 상태였습니다. 고객 입장에서는 개인정보가 노출되었다 느낄 수 있는 치명적인 상황이었습니다.

저는 가만히 생각했습니다. '이걸 지금 보고해야 할까, 아니면 조용히 덮어볼까?'

수습할 생각에 정신이 아득했지만, 즉각 팀장님과 본부장님, 고객센터장님에게 상황을 보고했습니다. 곧바로 대고객 사과문과 재발 방지 메시지도 발송했고요. 빠른 조치 덕분인지 고객 항의는 거의 없었고 큰 사고로 번지지도 않았습니다.

그날 저는 하나의 진리를 배웠습니다. 실수는 덮는 순간 사건이 되고, 인정하는 순간 경험으로 남는다는 겁니다. 나 혼자 감당할 수 있을 것 같은 실수, 나만 입 다물고 적당히 처리하면 될 것 같은 실수라도 마찬가지예요. 덮는 순간 더 큰 리스크가 생기기 마련입니다.

실수2. 쿠폰 자릿수 오류가 불러온 수익성 붕괴

또 다른 실수는 쿠폰 프로모션에 얽힌 일화입니다. 쿠폰은 단순한 마케팅 수단이 아니라 '현금과 동일한 비용'을 의미해요. 할인율 하나가 회사의 예산 구조를 뒤흔들 수 있다는 뜻이죠. 제가 이 당연한 전제를 곱씹는 이유가 뭘까요?

네, 저는 3,000원 할인 쿠폰을 만들려다가 숫자 하나를 잘못 입력해 30,000원 할인 쿠폰을 발행했습니다.

다음날 아침, 타 팀에서 '이상하게 할인 매출이 너

무 높다'는 연락을 보내왔습니다. 그제야 문제를 인지할 수 있었죠. 즉시 쿠폰을 비활성화하고 프로모션을 중단시켰으나 이미 쿠폰 수익성은 붕괴된 상태였습니다. 다행히 테스트용 규모였기에 큰 재정 손실은 없었지만, 이 사건은 제 업무 태도를 완전히 바꿔놓았습니다.

'나는 나를 믿지 않는다'

실수의 패턴은 누구나 비슷합니다. 하지만 실수 이후의 태도는 사람마다 달라요. 어떤 사람은 숨기고 방어하기 바쁩니다. 어떤 사람은 인정하고 개선하죠. 저는 두 사람의 커리어가 그 시점에서 완전히 갈라진다고 생각합니다.

방금 소개한 실수들을 겪은 후, 저는 "나는 나를 믿지 않는다"라는 철학으로 일하기 시작했습니다. 손이 빠른 편이라 업무 효율에는 늘 자신이 있었어요. 하지만 빠른 만큼 실수도 잦았던 게 사실입니다. 저는 이 부분을 받아들이고 속도를 관리하는 간단한 시스템을 스스로 설계했습니다.

- ▸ 업무가 60% 진행되었을 때→ 1차 점검
- ▸ 업무가 80% 진행되었을 때→ 2차 점검
- ▸ 업무가 100% 완성되었을 때→ 최종 점검

단계별로 범위를 좁혀 점검하니 실수를 잡아내는 확률이 높아졌습니다. 기존에 자신 있었던 속도가 조금 줄기 했지만, 신뢰의 값이라고 생각하며 관철했어요. 그 결과 두 번 다시는 예전처럼 심각한 실수들을 저지르지 않게 되었습니다.

실수를 너무 두려워하지 마세요. 실수는 여러분이 '일을 하고 있다'는 증거입니다. 아무런 실수도 하지 않는 사람은 아무 일도 하지 않는 사람뿐입니다.

실수가 반복됨을 인지했을 땐 곧바로 시스템을 바꾸고 루틴을 정비하세요. 무엇보다 숨기지 않는 용기가 필요합니다. 팀장님이 무서워서, 소위 말하는 '폐급'으로 찍힐까 봐 겁이 나서, 자존심 내려놓고 허둥지둥 사과해야 하는 게 싫어서 문제를 은폐한다면 훨씬 큰 손실이 돌아옵니다.

빠른 해결이 먼저다. 자존심이나 감정은 해결을 끝낸 다음 회복해도 늦지 않다.

저는 팀장이 된 지금도 이 문장을 새기며 일합니다. 지금의 저를 만든 한 줄이라 해도 과언이 아닐 정도예요.

실수는 나를 부끄럽게 하지 않습니다. 실수를 받아들이지 못하는 태도가 나를 후퇴시킬 뿐이죠. '실수했는데 팀장님은 아직 모르는' 상황에서 고민하고 있다면, 얼른 팀장님에게 달려가 해결책부터 세우세요. 감정은 그 다음에 추스르고요!

성과를
만드는 사람

4

성장의 공식을
찾는 질문들

✓ 왜 마케터에게 A/B 테스트가
　중요한 거예요?

✓ 가설은 꼭 맞아야만 의미가 있는 걸까요?

✓ 타깃은 어떻게 정하는 거예요?

✓ 프로젝트가 실패할 때마다 자괴감이 들어요

✓ 좋아하는 일과 잘하는 일 중
　어느 쪽을 선택해야 할까요?

✓ 모임에 나가면 저만 직급이 낮아요

왜 마케터에게 A/B 테스트가 중요한 거예요?

마케팅을 시작하면 거의 매일 듣게 되는 단어 중 하나가 바로 A/B 테스트입니다. 말 그대로 A안과 B안을 비교해 어떤 안이 더 효과적인지를 수치로 확인하는 실험이에요. 가령 기존의 화면과 신규 화면을 동시에 노출한 후 클릭률을 비교하거나, 각각 다른 문구·이미지를 적용한 광고 소재를 테스트해 고객의 반응을 확인하는 식이죠. 때로는 세 가지 이상을 비교하는 A/B/C 테스트로 확장되기도 합니다.

그렇다면 A/B 테스트는 대체 왜 이렇게 중요한 개념으로 자리 잡은 걸까요? 정말 의미가 있는 일일까요? 지금부터 A/B 테스트의 이모저모를 살펴봅시다.

A/B 테스트가 중요한 이유

적지 않은 마케터들이 스스로를 고객의 대변자라고 생각합니다. 이는 마케팅에서 가장 흔한 착시입니다. 나아가 자신의 생각, 가치관, 심지어 취향까지를 고스란히 마케팅 전략에 투영하는 경우도 있어요. "내가 고객이라면 이런 문구를 딱 좋아할 것 같아", "이 비주얼이 딱이지"처럼요. 그러나 한 고객군을 마케터 혹은 서비스 제공자가 완전히 대표할 수는 없습니다. 심지어 해당 서비스를 만든 창업자라 해도요.

마케터 본인이 서비스의 '진짜 고객'이기도 하다면 설득 포인트를 누구보다 잘 알고 있을 가능성이 높지만, 이건 극히 일부의 예외에 해당합니다. 대부분의 마케터는 고객과의 거리를 인식해야 합니다. 고객의 생각을 '대신 짐작'하는 순간 마케팅은 주관의 영역으로 흐르고, 결국 데이터가 아닌 감感의 싸움이 되어버립니다.

직감을 믿지 말라, 고객이 답하게 하라

저는 현재 여성 패션 이커머스에서 일하고 있어요. 주

고객층은 여성이고요. 남성 고객도 점차 늘어나는 추세지만, 서비스의 중심은 명확히 여성입니다. 문제는 서비스를 설득해야 하는 제가 남성이라는 사실이죠.

반면 저와 같은 팀에서 일하는 한 여성 동료는 저희 서비스의 VIP 등급에 해당하는 '진짜 고객'입니다. 매달 구매 데이터를 꼼꼼히 살피고, 신상품 알림까지 설정해둘 정도로 활발히 이용합니다. 그 동료가 제안하는 캠페인 기획에는 늘 제가 미처 생각하지 못하는 포인트가 있습니다. 가령 저는 상품 카테고리를 중심으로 기획을 전개하는 반면, 그 동료는 고객이 구매 전에 어떤 감정의 단계를 거치는지, 앱 내 추천 노출이 실제 구매 여정에 얼마나 영향을 미치는지를 훨씬 깊이 이해합니다. 같은 데이터와 화면을 본다 해도 체감의 차이가 엄청난 겁니다.

이 동료가 바로 '마케터 본인이 서비스의 진짜 VIP 고객'인 경우에 해당하는, 다소 예외적인 케이스입니다. 하지만 저는 성별부터 다르기에 동료와 동일한 방식의 접근은 불가능합니다. 대부분의 마케터가 저와 비슷할 테고요.

우리는 이 차이를 명확히 인정해야 합니다. 서비스

의 VIP가 아닌 우리가 할 수 있는 일은 결국 행동을 확인하는 것뿐입니다. '고객을 이해한다'는 마케터의 말이 유의미한 순간은 데이터를 근거로 할 때뿐이에 요. A/B 테스트의 핵심도 이 지점에 있습니다. A/B 테스트야말로 고객이 답하도록 설계하는 과정이니까요.

실무 TIP 만약 나의 상황과 고객군이 지나치게 다르다 면, 내부의 VIP 고객과 실제 이용자, 고객센터 데이터 등을 통해 간접 시각을 주기적으로 보완하세요. "내가 고객이라 면……" 대신 "우리 고객은 실제루 이런 행동을 하지"처럼 근거형 문장으로 사고하는 습관도 필요합니다.

실험 문화가 강한 팀이 성장한다

A/B 테스트는 조직 내 갈등을 줄이고 협업을 효율적 으로 만드는 도구이기도 합니다. 마케터와 디자이너, 기획자 간의 의견 충돌은 80% 이상 '감정'이 아니라 '근거 부족'에서 시작되거든요. 그러니 객관을 내놓을 수 있는 팀이 결국 승기를 쥡니다.

특히 스타트업처럼 빠른 의사 결정이 필수인 조직 에서는 실험 문화가 곧 경쟁력입니다. 데이터 기반의 판단은 리스크를 줄이고 불필요한 감정 소모를 없애

쥐요. "이게 잘 될까요?"라는 질문을 "그럼 테스트해 보죠"로 바꿔주는 것, 그게 바로 A/B 테스트의 진짜 힘입니다.

A/B 테스트가 아직 낯설다면

A/B 테스트를 체화하는 과정에서 중요한 건 '완벽한 세팅'이 아니에요. 오히려 '계속해서 가설을 세우는 습관'입니다. 가령 "혜택 금액을 강조하기보다는 혜택의 이유와 공감을 앞세울 때 고객이 더 반응할 것이다"라는 문장 하나로도 테스드는 시직될 수 있습니다. 캠페인 문구나 푸시 메시지를 '혜택 강조형'과 '공감 유도형'으로 나눠 실험한 후 클릭률을 비교하는 식으로요.

이때는 최대한 구체적인 논리를 세워 고민해야 합니다. '이 버튼 색이 더 조화로운 것 같다'보다는 '빨간 버튼은 긴급함을 강조해, 10% 이상의 전환율 상승을 불러올 것이다'처럼요.

A/B 테스트 실험하기

상황	생활 소품 쇼핑 앱을 론칭하며 신규 고객을 유치해야 함	
도구	첫 주문 5,000원 할인 쿠폰 제공	
가설	혜택 금액보다는 혜택의 이유를 안내할 때 고객은 반응할 것이다	
푸시 메시지로 A/B 테스트를 진행한다면?	A안(혜택 강조)	"지금 가입하면 5,000원 무조건 깎아드려요."
	B안(공감 유도)	"처음 쓰는 앱, 망설여지죠? 조건 없는 5,000원 쿠폰 으로 부담을 줄여드려요."

가설을 바탕으로 구체화하고 실행으로 옮겼다면 결과는 꼭 아카이빙합시다. 결과를 수치로만 보지 마세요. '왜 이런 차이가 났을까?'를 파고들어야 합니다. 그게 바로 실무에서의 성장 포인트예요.

실무 TIP 테스트 결과가 실패라고 해도 기록은 꼭 남겨둡시다. 실패한 실험은 다음 전략의 인사이트가 되고, 추후 지속적으로 활용할 수 있는 근거가 됩니다.

가설은 꼭 맞아야만
의미가 있는 걸까요?

마케팅의 거의 모든 결정은 가설에서 시작됩니다. 가령 '이 메시지가 클릭률을 높일 것이다', '이 쿠폰이 구매 전환율을 끌어올릴 것이다'처럼요. 이런 문장들은 전부 '성공 가설'입니다. 하지만 실무의 현실은 조금 달라요. 10개의 테스트 중 7~8개는 실패로 끝나죠.

대부분의 마케터는 이 사실을 잘 알고 있음에도 늘 실패를 예상 밖의 일이라 판단합니다. 그래서 결과가 좋지 않으면 '왜 안 됐을까?'를 반복 분석하느라 시간과 에너지를 소모해요. 문제의 근본적인 원인은 단순합니다. 성공 가설만 세우고, 실패 가설은 세워보지 않았기 때문입니다.

성공 가설은 '이 캠페인이 성공할 이유'를 가정하는 문장입니다. 예컨대 아래처럼요.

고객들은 과거 20% 할인율에 반응했기 때문에, 20% 할인 쿠폰을 발급하면 신규 유입이 증가할 것이다.

괜찮은 아이디어입니다. 하지만 이 가설의 결과가 실패로 끝난다면 어떨까요? 남는 게 전혀 없어요.

실패 이후에는 팀원 간에 늘 비슷한 대화가 반복됩니다. "할인폭이 약했나?", "시기가 문제였을까요?" 하지만 이 시점에서의 분석은 늦습니다. 이미 상황은 변했고, 데이터는 왜곡되어 있죠. 성공 가설만이 존재하는 기획은 방향성은 있을지언정 대응력은 없습니다. 실험이라기보다는 '운에 기대는 시도'에 가깝죠.

실무에서도 이런 경우가 자주 있습니다. "이 크리에이티브가 클릭률을 높일 것이다"라는 단일 가정만 세우고, 반응이 저조할 때의 대안을 마련하지 않은 상태로 실험을 시작하는 식입니다. 이런 접근은 마케터를 수동적으로 만들어요. 결과가 좋으면 '운이 좋았다'가 되고, 나쁘면 이유를 찾아 이리저리 헤매게만 되니까요.

가설은 단순 예측이 아닙니다. 실패했을 때의 대응 프레임을 함께 세우는 일까지가 가설의 완성입니다.

우리에게는 실패 가설이 필요하다

실패 가설은 '만약 이 테스트가 실패한다면, 그 이유는 무엇일 것이다'를 미리 정의하는 행동입니다. 동일한 캠페인이라도 성공 가설과 실패 가설을 따로 나눠 볼 수 있어요.

▸ 성공 가설: 20% 쿠폰을 발급하면 신규 유입이 증가할 것이다.

▸ 실패 가설: 만약 유입이 늘지 않는다면, ❶ 이미 할인에 익숙한 고객층일 수 있고 ❷ 프로모션 피크 시즌과 겹쳤을 가능성이 높다.

이처럼 기획 단계에서 실패의 가능성까지 설정하면, 결과가 기대와 달라도 혼란스럽지 않습니다. 데이터 해석의 기준이 이미 정리되어 있기 때문입니다. 실패를 감정적으로 받아들이는 대신 분석과 학습의 기회로 바꿀 수 있어요. 리스크 관리뿐 아니라 구조화된 사고방식까지 확보하는 방법이죠.

실패 가설이 주는 네 가지 효과

실패 가설은 실무에서 다양한 효과를 선물합니다. 우선은 실패 대응력이 높아져요. 테스트 추이에 맞춰 즉시 대체 전략을 시행할 수 있으니까요. 예를 들어 '할인이 의미가 없다'는 결과가 나오면, 다음 테스트에서는 혜택 구조 대신 메시지 실험으로 방향을 전환할 수 있습니다. 신속한 대응 기반이 생기는 겁니다.

뿐만 아니라 팀의 학습 속도도 빨라집니다. 실패 이유를 정의해둔 문장들은 조직의 학습 데이터로 축적되니까요. 다음 프로젝트를 구축할 때 "이건 지난번 실패 가설에서 3번 케이스에 해당하네요"처럼 재활용이 가능합니다. 실패가 개인의 경험으로 끝나지 않고 팀 단위의 지식 자산으로 쌓이는 거예요.

심리적 회복력이 커진다는 것도 실패 가설의 장점입니다. 실패를 '예상했던 시나리오'로 받아들이면 불필요한 자책이 줄어듭니다. 마케팅처럼 테스트 단위의 반복이 많은 직군일수록 실패에 대한 내성은 반드시 필요해요. 실패 가설은 그 내성을 만들어주는 심리적 장치로 작용하고요.

테스트 자체가 더 정교해지기도 합니다. 성공 가설은 희망을 담고 있지만, 실패 가설은 현실을 담습니다. 두 가지를 함께 확보할 때 실험은 완전해집니다. 좋은 테스트는 '맞아떨어질 확률이 높은 테스트'가 아니라 '배움을 남길 확률이 높은 테스트'예요. 실패를 구조화하면 데이터의 질과 실험의 재현성이 함께 높아집니다.

실패 가설을 연습해보자

실무에서도 실패 가설을 활용해봅시다. 우선은 '가설은 반드시 두 문장으로'라는 간단한 원칙을 중심에 두세요. 성공 가설과 실패 가설을 함께 적어서 보는 겁니다.

실패 가설은 원인을 중심에 두고 구체화해야 합니다. "이유는 ○○ 때문일 것이다"로 끝나는, 명확한 문장을 써보세요. 여기서 사람이나 팀을 탓하는 막연한

건강한 실패 가설의 예

항목	성공 가설	실패 가설	후속 대응
쿠폰 캠페인	20% 쿠폰 발급 시 신규 유입 증가	유입이 늘지 않는다면, 이미 할인 피로도가 높은 고객군일 것이다.	다음 실험에서 혜택 구조 대신 메시지 CTA 변경
SNS 광고	영상 소재는 CTR을 높일 것	CTR이 낮다면, 첫 3초 훅 구조가 약했을 가능성이 높다.	썸네일, 카피 교체 및 초반 후킹 구조 재설계
CRM 메시지	리마인드 푸시로 재구매율 10% 상승	반응이 없다면, 발송 빈도가 과도했을 가능성이 높다.	Frequency Cap* 조정 및 타깃 세분화 실행

문장은 무의미합니다. 시기, 메시지, 고객군처럼 '측정 가능한 변수' 위주로 써야 합니다.

가설의 목적은 늘 정답을 맞히는 것이 아닙니다. 실패를 통해 배움을 축적하는 겁니다. 성공 가설만 세우

---

* Frequency Cap(빈도 제한) 같은 광고가 한 사람에게 너무 자주 노출되지 않게 제한하는 기능이에요. '지겹지 않게, 적당히 자주'가 핵심입니다.

는 마케터는 결과에 흔들리고, 실패 가설까지 세우는 마케터는 결과를 학습으로 변환합니다.

실무의 성장 공식은 꽤 단순해요.

가설→ 실패→ 검증→ 학습→ 개선

이 과정을 빠르게, 반복적으로 돌려야 합니다. 잘 맞히는 걸 넘어, 잘 틀릴 줄도 알아야 해요. 무모하게 도전하라는 의미가 아닙니다. 가정과 근거를 명확히 세우고, 실패해도 복구 가능한 구조를 설계하라는 뜻입니다. 이런 사람은 실패해도 무너지지 않아요. 실패를 예측 가능한 변수로 관리하기 때문입니다.

타깃은 어떻게
정하는 거예요?

마케터들이 많이 하는 착각 중 하나가 '모두가 좋아할 만한 결과를 만들어야 한다'는 겁니다. 하지만 마케팅의 본질은 보편적 공감이 아니라 정확한 타격이에요. 모든 사람에게 호감을 사려 애쓰는 캠페인은 결국 누구에게도 각인되지 않습니다.

반대로 대중 전체를 포용하기 어려울지는 몰라도 특정한 누군가에게 깊은 의미를 주는 메시지는 시간이 지나도 오래 남습니다. 좋은 캠페인은 전 국민을 타깃으로 하는 캠페인이 아닙니다. '모두에게 조금씩' 좋은 것보다, '한 사람에게 완벽히 필요한' 것이 훨씬 강력합니다.

마케팅의 핵심은 포지셔닝과 타기팅

마케팅은 언제나 '누구에게 말할 것인가'에서 출발합니다. 아무리 훌륭한 메시지를 만들고 세련된 디자인으로 포장하더라도, 그것이 닿아야 할 대상이 불분명하면 모든 시도가 허사가 돼요. 본질은 메시지보다 대상, 콘텐츠보다 맥락입니다.

저는 신입 마케터들에게 자주 이런 질문을 건네곤 합니다.

"여러분이 만든 캠페인을 가장 먼저 클릭할 사람은 누구인가요?"

대부분 잠시 멈칫합니다. 그리고 대답하죠. "누구나 공감할 수 있도록 만든 캠페인이에요." 의욕은 이해하지만, 사고방식을 바꿔야 합니다. '누구나'를 향한 마케팅은 결국 '아무에게도' 가닿지 않을 때가 많아요.

포지셔닝은 브랜드의 입장을 정하는 일이 아닙니다. 고객의 머릿속 어느 자리에 나를 두게 할지를 결정하는 일이에요. 그 자리를 선점해야만 기억됩니다.

예컨대 같은 패션 브랜드라도 '트렌디한 20대 여성'을 겨냥한 브랜드와 '실용적인 워킹맘'을 위한 브랜드의 언어는 완전히 달라야 하겠죠. 전자는 '요즘 제일 힙한 룩', 후자는 '출근길에 편한 옷'이 핵심 키워드로 잡힐 겁니다. 그런데 오늘날 많은 캠페인은 이 차이를 간과합니다. 메시지가 좋아도 타깃이 모호하니 결과적으로는 아무도 강하게 반응하지 않습니다.

내가 하고 싶은 말이 아니라 고객이 듣고 싶은 말을 찾아내야 합니다. 그걸 가장 필요한 시점에, 가장 적합한 채널로 전달하는 작업이 포지셔닝과 타기팅의 진짜 역할이에요.

타깃을 인구통계학적으로 납작하게만 구분하지 마세요. '20대 여성'보다는 '새벽 배송을 주로 이용하는 직장인' 혹은 '쿠폰보다 리뷰 신뢰도를 더 보는 고객'처럼 행동 단위로 정의해야 진짜 전략이 만들어집니다.

실무 TIP 포지셔닝 문장을 한 줄로 써보세요. "우리 브랜드는 ○○한 사람들에게 □□의 가치를 준다"처럼요. 이 문장이 명확할수록 캠페인이 견고해집니다.

작은 회사의 마케터라면:
좁은 시장의 1등을 노려라

마케팅은 넓이가 아닌 집중력의 싸움입니다. 시장을 크게 잡을수록 메시지는 흐려지고, 브랜드의 존재감도 약해집니다. 반대로 시장을 좁히면 좁힐수록 메시지가 또렷해지고, 타깃이 '이 브랜드는 나를 이해한다'고 느낄 가능성이 높죠.

저는 이걸 '핀셋 전략'이라고 부릅니다. 넓은 바다에 그물을 던지는 게 아니라 확실히 반응할 한 명에게 꽂히는 메시지를 설계하는 겁니다. 작지만 강력한 팬덤 지지층을 만드는 게 훨씬 현실적이고, 장기적으로도 건강한 방식입니다. 가령 커피 브랜드의 방향성을 정하며 '모두의 커피'를 표방한다면 스타벅스와 경쟁해야 하지만, '퇴근길 10분 동안 마음이 편해지는 공간'을 표방한다면 완전히 다른 시장을 열게 돼요.

모든 시장에는 빈 공간이 있습니다. 대기업이 잡지 못하는 틈, 거대한 브랜드가 간과한 감정의 순간들. 그 작은 공간에 브랜드를 세우는 게 마케터의 일입니다. '작은 시장의 1등'은 비단 시장점유율만의 이야기가 아니에요. 한 고객의 마음속에서 1순위가 되는 일입니다.

> **실무 TIP** "우리 캠페인은 누구의 어떤 문제를 해결하는가?"에 한 문장으로 답해보세요. 대답이 어렵다면 시장이 너무 넓다는 뜻입니다. 또 초기 캠페인에서는 지표보다 '팬'을 보세요. 10명의 고객이 진심 어린 반응을 보였다면, 그 팬덤이 시장의 시작점일지 몰라요.

누구에게 필요한 결과인가를 항상 묻자

마케팅을 하다 보면 어느 순간 '좋은 캠페인'을 만드는 것 자체가 목적이 될 때가 있습니다. 하지만 정말로 중요한 건 '누가 이걸 필요로 했는가'입니다. 클릭률이 높고 조회 수가 많더라도 정작 핵심 타깃이 반응하지 않았다면 그건 실패한 캠페인입니다. 반대로 데이터는 다소 조용하지만 특정 고객층이 강하게 반응하고 행동했다면, 그건 다음 단계로 발전시킬 수 있는 씨앗입니다.

저는 실무에서 늘 이런 관점을 강조합니다.

누가 이 캠페인을 보고 달라졌는가?

단순히 유입이 늘었는지 아닌지를 따지지 말고, 그들의 행동이나 태도가 어떻게 바뀌었는지를 보세요. 예를 들어 CRM 캠페인에서 클릭률 자체는 낮았지만 메시지에 반응한 고객의 재구매율이 높아졌다면, 그건 분명히 필요했던 결과입니다. 대중에게 좋은 캠페인이 아니라 타깃에게 유용한 캠페인이었던 거죠.

마케팅의 성공 여부는 대중적 공감이 아니에요. 정확한 타깃에게 필요한 해결을 줘야 합니다. 성과를 판단할 때마다 스스로에게 물어보세요. "이건 고객을 움직였는가?", "그들에게 실제로 도움이 되었는가?" 이 질문이 캠페인의 방향을 정확하게 잡아줍니다.

프로젝트가 실패할 때마다
자괴감이 들어요

누구나 실패를 두려워합니다. 또 누구나 완벽주의 성향이 있고요. 특히 회사에서는 이런 고민이 커지기 마련이에요. 실패와 실수는 나의 신뢰 그리고 커리어와도 직결되는 문제니까요.

"안전 수칙은 피로 쓰인다"라는 유명한 문장이 있습니다. 누군가의 실패와 실수를 대가로 안전 기준이 만들어진다는 뜻이죠. 마케팅도 다르지 않습니다. 누군가의 실수가 발생해야 캠페인 프로젝트가 보완되고, 실패한 프로젝트가 있어야 다음 가이드라인의 근거가 생깁니다. 이런 과정을 완전히 없애려는 순간 우리는 배움의 기회를 버리게 됩니다.

나를 성장시키는 가장 솔직한 피드백

신입 마케터 분들은 '담당한 캠페인이나 프로젝트의 성과가 내 예상과는 다르게 흘러간다'는 이유로 종종 자괴감에 빠집니다. 슬럼프에 가까울 정도로 괴로워하는 분들도 있어요.

하지만 이건 세상의 이치입니다. 완벽히 준비했다 해도 시장은 항상 다르게 반응합니다. 기획 단계에서 논리를 보완하고 또 보완해도, 실제 고객의 행동은 예측을 비껴갑니다. 그때 생기는 괴리가 바로 실패와 실수의 본질입니다. 이걸 패착으로만 여기면 안 돼요. 내가 몰랐던 변수를 알려주는 신호로 봐야 합니다.

예컨대 '할인율을 높이면 구매전환이 늘어날 것이다'라는 확신으로 캠페인을 진행했는데 오히려 전환율이 떨어졌다면, 그건 '고객이 할인보다 타이밍을 더 중요하게 본다'는 인사이트인 셈입니다. 혹은 "우리 고객들은 야간 푸시를 열지 않을 거야"라는 선입견을 품은 채 미심쩍은 마음으로 테스트했지만, 실제로는 심야 시간대의 푸시에서 높은 구매율이 확보되어 새로운 데이터를 얻을 수도 있죠. 이렇듯 실패는 우리가 가진 확신을 뒤집으며 보이지 않던 기회를 드러냅니다.

잘못된 시도는 다음 성공의 조건을 알리는 과정입니다. 한 번의 실패는 나의 판단 기준을, 두 번의 실패는 나의 시야를, 세 번의 실패는 나의 사고 구조까지를 바꿔놓습니다. 실패는 항상 불편하기 마련이지만, 동시에 나를 성장시키는 제일 솔직한 피드백이에요.

실무 TIP 캠페인이 예상과 다르게 흘러갈 때 가장 먼저 해야 할 일은 변수 기록입니다. 어떤 가정이 깨졌는지를 명확히 쓰세요. 또 '왜 실패했을까?'보다는 '무엇이 예상과 달랐을까?'를 질문하는 습관을 들여봅시다.

실패는 시스템을 성장시킨다

개인에게는 실패나 실수가 쓰라린 아픔이지만, 팀 단위로 보면 새로운 매뉴얼이 될 수 있습니다. 한 번의 캠페인 에러, 정책 오류, 메시지 오류 등도 지나고 보면 프로젝트의 방어막으로 기능해요. '이런 조건에서는 실패했다'는 기록이 쌓일수록, 팀은 점점 더 정교한 시스템을 갖추게 됩니다.

저 역시 CRM 캠페인을 운영하며 수많은 실수를 겪었습니다. 앞서 소개한 사건들 외에도 사소한 실수를 꽤 저질렀죠. 메시지 타이밍부터 오탈자까지, 여러 실수가 쌓여 고객 불만이 폭주한 적도 있습니다. 처음에는 부끄럽고 두려웠어요. 그러나 곧 '발송 프로세스 체크리스트'가 팀에 공유되어 장기적인 안정화를 불러왔습니다. 나아가 '이 문구는 법적 리스크가 있다', '이 시점에는 고객 반응이 낮다' 같은 항목이 쌓였고, 발송 전 메시지 더블 체크 시스템도 체계화되었습니다. 각자의 실수가 모여 팀 전체의 안전장치를 구축한 셈입니다.

중요한 건 실수를 개인의 문제로 끝내지 않고 공동의 학습으로 전환하는 일입니다. 좋은 팀은 실수를 은폐하지 않습니다. 오히려 실수를 구조화합니다. '누가 잘못했는가'가 아니라 '어떤 구조에서 이런 문제가 생겼는가'를 묻고 데이터로 전환시킵니다.

실무 TIP 팀 내에서 공유되는 실패 매뉴얼을 정리해두세요. '누가 실수했나' 대신 '어떤 상황에서 생긴 문제인가'를 기록하면 새로운 팀원이 합류하거나 조직의 분위기에 변화가 생겨도 같은 실수를 반복하지 않습니다.

좋아하는 일과 잘하는 일 중
어느 쪽을 선택해야 할까요?

"진짜 좋아하는 일을 해야 행복하다."

여러분도 수없이 들었을 문장입니다. 하지만 현실은 조금 달라요. 뭔가를 좋아한다 해서 반드시 잘하게 되는 것도 아니고, 잘하는 일을 해도 늘 즐겁지만은 않으니까요.

저는 좋아하는 일보다는 잘하는 일이 중요하다고 믿습니다. 이유는 간단해요. 잘하는 일을 통해 성과를 내야 '신뢰 자본'이 쌓이고, 그 신뢰가 나를 다음 스텝으로 옮겨주기 때문입니다. 좋아하는 일을 오래 하려면 잘하는 일로 기회를 만들어야 합니다. 좋아하는 일은 감정이지만 잘하는 일은 시스템이에요. 감정은 매일 변화하고 시스템은 축적되기 마련이죠. 때문에 커리어 초반에는 좋아하는 일보다 '내가 시스템을 구축할 수 있는 일'을 선택하는 게 더 현명합니다. 그 시스템이 우리의 실력이고, 실력이 우리에게 자유를 가져다줍니다.

잘하는 일은 나를 먹여 살린다

잘하는 일로 성과를 내면 조직 내에서 선택권이 생깁니다. 그리고 그 선택권은 좋아하는 일을 지속할 수 있는 가장 현실적인 조건이 돼요. 좋아하는 일만 고집하면 실무에선 오히려 기회가 줄어듭니다. 조직은 '열정이 있는 사람'보다 '결과를 내는 사람'을 신뢰하기 때문입니다.

잘하는 일을 통해 신뢰를 얻은 사람은 다음 프로젝트의 우선순위가 되고, 새로운 시도를 제안할 수 있는 자격을 갖습니다. 좋아하는 일을 하기 위해서라도 우리는 잘하는 사람으로 먼저 인정받아야 합니다.

저도 커리어 초반에는 '하고 싶은 일'보다 '할 수 있는 일'을 선택했습니다. 당시 관심 있었던 일은 콘텐츠를 만드는 업무였어요. 하지만 처음엔 데이터 분석과 CRM 메시지 세팅처럼 비교적 기술적인 업무부터 맡아야 했죠. 솔직히 그때는 큰 흥미가 생기지 않았습니다. 그러나 꾸준히 반복하며 점점 구조를 이해했고, 이내 데이터를 기반으로 한 전략적 마케팅의 재미를 깨달았어요. 그 경험이 지금의 '좋아하는 일'의 토대가 되었고요.

잘하는 일은 나를 먹여 살리는 수단입니다. 동시에 커리어의 기반 자산을 만들어주는 투자이기도 합니다. 두 갈래 길 앞에서 망설이는 중이라면, 우선은 잘하는 일이 있다는 사실에 감사하며 조금씩 발전시켜 봅시다.

실무 TIP 커리어 초반은 신뢰 자본이 전부입니다. 빠른 피드백을 받을 수 있는 프로젝트를 선택하고, 작더라도 성과를 만들어보세요. 조직은 성과로 우리를 평가합니다. 성과를 내는 사람에게만 새로운 기회를 준다는 뜻입니다. "이 일을 하면 내가 인정받을 수 있을까?"라는 질문을 기준으로 삼아보세요.

지속 가능성이 정답이다

커리어에서는 지속 가능성이 무엇보다 중요합니다. 좋아하는 일이라도 버티지 못하면 의미가 없고, 잘하는 일이라도 번아웃의 굴레에 빠지면 유지가 힘듭니다. 이 사이에서 균형을 잡는 일이 핵심이에요. 그러려면 커리어는 좋은 순간을 좇는 것이 아니라, 지속 가능한 리듬을 설계하는 것이라는 사실을 상기해야 합니다. 좋음은 감정이고 잘함은 구조입니다. 그리고 늘 구조가 감정을 지탱하기 마련입니다.

　너무 일찍 결정하고 소모되지 마세요. 좋아하는 일을 향해 지속 가능한 속도로 다가가는 것만으로 충분합니다. 좋아하는 일을 오래 하고 싶다면, 내가 잘하는 일을 먼저 다듬어봅시다. 일단은 신뢰와 내구성부터 쌓아가는 겁니다.

모임에 나가면
저만 직급이 낮아요

네트워킹을 위해 마케팅 모임에 참석하다 보면 팀장 직책을 단 분들을 자주 만납니다. 제가 팀장이 아니었을 때는 종종 묘한 감정을 느꼈어요. 저보다 연차도 적고 나이도 어린 분들이 리더 역할을 해내는 모습을 보며, 존경심과 더불어 은근한 조급함이 들었던 거죠.

당시 저는 실무자이자 시니어로서 제 위치에 만족하고 있었습니다. 그런데 어느 순간부터는 마음이 꽤 복잡하더라고요. 나이가 차고 경력이 쌓이면서 자연스레 '슬슬 리더가 되어야 하지 않겠냐'는 식의 사회적 기대와 주변의 조언이 따라붙었거든요. 누군가는 '팀장 못 달면 이직도 어렵다', '이제 팀원 포지션으로

입사 지원을 하기는 쉽지 않을 거다'라며 강하게 이야
기하기도 했습니다.

'나도 이제 팀장을 달아야 하지 않을까?', '지금도
벌써 늦은 건 아닐까?' 하는 생각이 머릿속을 맴돌았
지만, 한편으로는 '리더'라는 단어가 낯설고 무겁기도
했어요. 팀장은 단순히 일을 잘하는 사람이 아닙니다.
혼자서 성과를 내는 걸 넘어, 팀을 이끌고 사람을 챙
기고 방향을 제시해야 하니까요.

타이틀의 속도보다 내실이 중요하다

혼자 끙끙대던 어느 날, 저는 용기를 내어 당시의 본
부장님에게 솔직한 생각을 털어났습니다.

"이제 연차도 꽤 찼는데, 팀장을 해야 하는 거 아닐
까요? 그런데 솔직히 자신이 없어요. 지금 회사에서
기회를 잡을 수 있을지도 모르겠고요."

본부장님은 조용한 대답을 건넸습니다.

"조급해하지 마. 나도 15년 차쯤에 처음 팀장을 달
았어. 늦게 팀장이 된 덕에 오히려 더 단단해질 수 있었고, 지금 돌아보면 그게 큰 자산이었어.”

주위의 조언에 이리저리 흔들리던 마음이 차분해지는 순간이었습니다. 팀장이 되는 ‘시기’보다 더 중요한 게 있다는 걸 깨달았죠. 리더십은 타이틀로 만들어지는 게 아닙니다. 시간과 경험으로 내공이 쌓일 때 자연스럽게 생겨납니다. 실무 경험이 충분한 리더는 더 나은 의사 결정을 내릴 수 있고, 팀원들이 마주한 현실의 벽을 훨씬 잘 이해해요.

네트워킹이나 모임을 할 때 직급 탓에 마음이 싱숭생숭한 분들이 있다면, 우선 부담을 조금 내려놓으라고 충고하고 싶습니다. 실제로 제게 직급 관련 스트레스를 토로하는 분들도 적지 않았어요.

“옆 팀 동기는 ‘일 잘한다’는 평가를 들으면서 저보다 빨리 승진할 것 같더라고요. 근데 저는 제자리걸음만 하는 기분이라 불안해요. 어디서는 승진의 속도가 곧 성과의 지표라던데…….”

치열하게 돌아가는 업계인 만큼, 이런 초조함이 생기는 것도 무리는 아닙니다. 하지만 역으로 생각해보면 준비되지 않은 상태로 떠안는 감투처럼 위험한 것도 없어요. 실무에서 충분히 부딪히고, 실패하고, 다시 일어나는 경험을 쌓아야만 직급을 감당해내는 기반이 생깁니다. 저 역시 조급하게 고군분투하는 대신 차분히 준비하는 시간을 가진 덕에 팀장이 되고도 안정감을 지킬 수 있었습니다.

결국 직급은 '내가 그것을 책임질 준비가 되어 있는가'의 문제입니다. 체면을 세우기 위한 타이틀이나 일머리의 지표가 아니에요.

리더 연습, 지금부터 해보세요

아직은 리더 자리가 까마득해 보인다 해도, 리더가 되기 전 반드시 거쳐야 할 작은 연습들이 있습니다. 팀장을 단다는 건 다른 사람을 책임지는 역할로 확장됨을 의미하거든요. 그 역할의 구조를 일찍 이해하면 일과 사람을 대하는 태도가 달라집니다.

1. 의사 결정 기준 세우기

리더가 되면 '정답 찾기'보다 '선택하기'를 마주하는 순간이 더 많아요. 그 선택을 어떤 기준으로 내릴지 미리 정해두면 나중에 흔들리지 않습니다. 가령 '나는 팀의 성과보다는 사람의 성장에 우선순위를 두겠다' 든가, 반대로 '나는 일의 효율을 위해 불필요한 감정 소모는 최소화하겠다'처럼요.

2. 팀워크의 관점에서 일해보기

혼자 잘하는 시니어보다 함께 성장하는 시니어가 리더로서 더 빠르게 인정받습니다. 실무를 하더라도 주변 동료의 업무를 도와 속도를 높여주거나, 신규 입사자의 온보딩*을 챙겨보세요. 이런 연습은 리더십의 사전 경험으로 남습니다.

3. 내가 경험한 실패 기록하기

리더는 팀원들의 실수와 실패를 다루는 역할도 맡습

---

* **온보딩**Onboarding 신규 사용자가 서비스에 익숙해지도록 돕는 과정이에요. 첫인상이 좋은 앱일수록 이 과정이 부드럽게 설계되어 있죠.

니다. 그때 필요한 건 이해력을 바탕에 둔 표용이에요. 내가 연차별로 실수했던 경험을 업무 노트 구석에 짧게 기록해두면, 나중에 팀원의 시행착오를 바라볼 때 훨씬 공감할 수 있습니다. 문제 해결과 감정 수습에도 도움을 줄 수 있겠죠.

나를 알리고
연결하는 법

5

확장의 전략을 위해
필요한 질문들

✓ 셀프 브랜딩,
  어떻게 시작해야 할까요?

✓ 마케터 네트워킹이 꼭 필요한가요?

✓ 채용 시장에서 정보가 그렇게 중요한가요?

✓ 선배들에게 도움을 구하고 싶은데,
  무턱대고 DM 보내도 괜찮을까요?

✓ 일을 잘한다는 게 대체 무슨 뜻이에요?

셀프 브랜딩,
어떻게 시작해야 할까요?

'개인이 자신을 브랜드화한다'는 말이 낯설던 시대도 지났습니다. 지금은 거의 모든 직무에서 개인 브랜딩이 필수가 되었죠. 특히 마케터라면 자신의 콘텐츠를 통해 '이 사람은 어떤 마케터인가?'를 보여주는 것이 실력을 증명하는 하나의 길이 되기도 합니다.

셀프 브랜딩은 거창한 일이 아닙니다. 나를 마케팅하는 일, 내가 가진 생각과 경험을 세상에 전달해보는 작은 시도에서 시작돼요.

저는 '스타트업테드님'이라는 이름으로 6년가량 유튜브와 인스타그램, 강의 등을 통해 저의 경험을 공유해오고 있습니다. 처음에는 단순한 마음으로 시작한 일이었어요. '마케팅 이야기를 좀 쉽게 풀어주는 채널이 있으면 좋겠다'는 생각에 채널을 개설했죠. 그런데 꾸준히 하다 보니 콘텐츠를 통해 여러 인연이 생겼고, 그 인연이 기회가 되더군요. 유튜브 채널 간의 협업부터 대학 강의, 기업 멘토링까지. 모두 셀프 브랜딩의 연장선에서 이뤄진 결과입니다.

지금부터 제가 생각하는 셀프 브랜딩의 핵심 요소를 짚어볼게요. 의외로 셀프 브랜딩에는 대단한 전략이 필요하지 않습니다. 멈추지 않고, 꾸준히 실행하는 힘이면 절반은 이룬 거나 다름없습니다.

꾸준함: 실행하는 사람은 상위 10%

예전에는 '직장인이 유튜브를 한다'는 말이 한 번씩 가볍게 던지는 농담에 가까웠습니다. 어딜 가나 "나도 채널 만들어야지", "뭐라도 올려야겠어요"라고 말들은 했지만 실제로 만드는 사람은 거의 없었어요. 그래도 저는 일단 시작했습니다. 퇴근 후에도 대본을 쓰고, 촬영하고, 편집에 몰두했습니다. 주말에도 영상

한 편을 완성해보고 싶어서 10시간이 넘도록 한 자리에 붙박인 날이 허다했어요.

구독자 수는 천천히 늘었지만 어느 순간 깨달았습니다. 꾸준함이 곧 저만의 무기가 되었다는 걸요. 실제로 함께 유튜브를 시작하자고 이야기했던 지인들 중 채널 운영에 계속 힘쓰는 사람은 저뿐이었습니다.

수학 강사인 정승제 선생님의 말을 빌리자면, 세상은 사실 경쟁 사회가 아닙니다. 진짜로 경쟁하는 사람은 10%뿐입니다. 꾸준히 뭔가를 하는 것만으로도 상위 10%에 들 수 있어요.

저는 "양이 질을 만든다"라는 문장을 좋아합니다. 완벽주의는 시작의 가장 큰 적입니다. 처음부터 완벽한 퀄리티를 추구하면 오히려 한 발도 떼기 어렵습니다. 저는 '완벽한 한 번'보다 '불완전한 열 번'을 택했습니다. 지금 잘하지 못해도 계속 만들다 보면 언젠가 좋아진다는 믿음으로요.

실제로 피카소는 평생 2만 점이 넘는 작품을 남겼고, 아인슈타인은 240편의 논문을 발표했으며, 바흐는 매주 한 편의 칸타타를 작곡했고, 에디슨은 무려 1,039개의 특허를 등록했습니다.[5] 그들 모두가 '걸작'

을 내놓은 이유는 양이 질을 만들었기 때문입니다. 좋은 결과물을 만들어내는 사람은 반드시 형편없는 시도도 함께 쌓아왔습니다.

마케팅도 마찬가지예요. 하나의 완벽한 콘텐츠보다 열 번의 시도, 그리고 아홉 번의 실패에서 얻은 데이터가 더 큰 자산이 됩니다. 유튜브 영상이든 브랜딩 콘텐츠든, 실패의 흔적이 쌓이는 동안 '무엇이 통하고 무엇이 통하지 않는가'를 읽는 힘이 생깁니다.

꾸준함은 감정이 아니라 시스템의 문제입니다. 의지가 없어도 움직이게 되는 구조를 만들어야 합니다. 가령 저는 '매주 업로드를 한다'는 목표 대신 '매주 수요일 밤에는 영상 편집을 한다'는 루틴을 세웠어요. 영상 완성이라는 거대한 목표가 아니라 '편집 툴을 연다'는 구체적인 행동을 생각한 겁니다. 꾸준함을 유지하려면 스스로를 시스템화된 환경에 묶어둬야 합니다. 구조가 지속을 만들거든요.

지금도 가끔 예전 영상을 다시 봅니다. 화면 구도도 어색하고, 말투도 경직되어 있습니다. 하지만 그 부끄러운 흔적 덕분에 지금의 제가 있다는 확신이 듭니다. 꾸준함의 본질은 잘하는 것이 아니라 계속 해보는 것이니까요.

꾸준히 하는 사람은 결과가 아니라 과정을 통해 발전합니다. 처음부터 눈길을 끄는 인플루언서처럼 등장하지 않아도 괜찮아요. 하루 1%라도 나아간다는 마음으로, 완벽하지 않아도 뭔가를 계속 만들어보세요.

지속 가능성: '반짝'보다는 오래가는 힘으로

꾸준함이 몰입의 힘이라면 지속 가능성은 회복의 힘입니다. 성공적인 셀프 브랜딩을 위해서는 이 회복의 템포도 익혀둬야 합니다. 많은 분들이 초반에는 열정적으로 달리다 어느 순간 번아웃이라는 벽에 부딪혀요. '버티고 일단 하자'라며 애를 쓰다 결국 체력과 집중력, 흥미까지 모두 잃고 말죠.

지속 가능한 셀프 브랜딩을 위해서는 나만의 리듬을 만드는 작업이 필요합니다.

1. 몰입과 이완을 함께 설계하라

일 잘하는 사람들은 이완의 시기를 의도적으로 설계

합니다. 하루 중 30분이라도 휴대폰을 멀리하거나, 프로젝트 단위로 일정한 '정리 기간'을 설정해 관리하는 식입니다.

저는 주 6일을 일하던 시절, 매주 토요일 오전에는 일부러 아무 일도 하지 않았습니다. 유튜브 영상이나 SNS 포스팅을 업로드해야 한다는 강박에서도 완전히 벗어났어요. 대신 노트를 한 권 펼쳐놓고 한 주간의 생활 전반에서 어떤 일을 잘했는지, 어디서 막히곤 했는지를 손 가는 대로 기록했습니다. 이 정리 시간이 오히려 몰입의 효율을 높여줬어요.

쉬는 것도 전략이고, 회복도 실력의 일부입니다. '평일에는 회사에서 실력을 쌓고 → 주말에는 셀프 브랜딩으로 나를 만든다'는 무리한 강박에 일주일 내내 사로잡힐 필요는 없습니다. 머리를 텅 비우는 시간도 필요합니다.

2. 지속 가능성은 패턴에서 나온다

셀프 브랜딩을 둘러싼 이야기를 살피다 보면 "지속 가능하려면 결국 체력을 길러야죠. 체력이 안 되는데 뭘 하겠어요"라는 체념도 자주 보입니다. 하지만 실제로 체력보다 중요한 건 패턴을 만드는 능력입니다. 매일 같은 시간에 일어나고, 같은 시간에 몰입하며 일하고, 일정한 시점에 퇴근하는 리듬을 유지하는 게 핵심이에요.

한 번의 폭발적인 몰입보다 이렇게 주기로 구성된 몰입이 훨씬 오래갑니다. 꼭 수험생의 시간표처럼 빽빽할 필요도 없어요. 제게는 '매일 오후 9시에는 책상 앞에 앉아 유튜브 영상 편집을 10분이라도 한다'라는 패턴이 있습니다.

여러분도 10분이면 충분합니다. 루틴은 언제나 의지보다 강력한 장치입니다. 유튜브 채널을 시작하고 싶다면, 퇴근하자마자 책상 스탠드를 켜고 카메라부터 올려두세요. '앉으면 → 편집한다'라는 자동 루틴에 스스로를 맞추는 겁니다. 루틴이 일상이 되면 감정과 피로보다도 실행이 앞서게 됩니다.

3. 번아웃을 예방하는 사람들의 공통점

지속 가능하게 자신을 발전시키는 사람들의 공통점은 자기 객관화에 있습니다. 자신이 언제 집중력이 떨어지는지, 어떤 일에서 가장 스트레스를 받는지를 정확히 압니다. 가령 누군가는 협업 미팅이 많은 날에 피로를 느끼고 또 다른 누군가는 반복적인 작업에서 동기 저하를 겪죠. 이런 피로의 패턴을 정확히 파악해야 번아웃의 전조에 대응할 수 있습니다.

4. 주객전도를 조심할 것

많은 분이 꼽는 셀프 브랜딩의 결정적인 어려움은 바로 '본업과의 병행'입니다. 회사에서 업무를 보며 셀프 브랜딩까지 챙기는 게 보통 어려운 일은 아니니까요. 저는 늘 '본업에서 신뢰를 잃는 순간 셀프 브랜딩도 무너진다'고 생각합니다. 저는 유튜버이기 전에 'CRM 팀장 김민규'입니다. 내부에서의 신뢰가 셀프 브랜딩의 기반이에요. 외부에서 암만 멋진 이미지를 만들어도, 회사에서 책임감 없는 모습을 보이면 금세 무너집니다. 반대로 본업을 잘하면 브랜딩에도 실체가 생기죠.

브랜딩보다 중요한 건 결국 나 자신입니다. 브랜딩은 나의 실무력과 태도의 반영물일 뿐이에요. 그 자체가 목적이 되어선 안 됩니다.

셀프 브랜딩을 시작하려는 모두에게

셀프 브랜딩은 의무가 아닙니다. 하지만 '나를 표현하고 싶다'는 마음이 있다면 망설이지 말고 시작하세요. 처음엔 민망할 정도로 반응이 없을 수 있습니다. 그래도 6개월, 1년이 지나면 분명 변화가 생깁니다. 사람들은 꾸준히 하는 이에게 신뢰를 느끼거든요.

거창하게 시작할 필요는 없습니다. 링크드인에 한 문단을 써보거나, 인스타그램에 업무에서 배운 점을 공유하는 것으로 충분합니다. '완벽한 첫 글'보다 '첫 글을 쓰는 용기'가 중요합니다. 누군가 그 글을 보고 "당신 같은 사람과 일하고 싶어요"라고 말할지도 모르잖아요.

마케터 네트워킹이
꼭 필요한가요?

"네트워킹, 꼭 해야 하나요?"

"일하기도 힘든데 인맥까지 쌓으라니⋯⋯. 너무 피곤해요."

"그런 거 해봐야 뭐가 달라지겠어요?"

'네트워킹'에 회의적인 시선을 보내는 분들도 적지 않습니다. 저도 한때는 그랬습니다. 명함만 쌓이고, 단톡방만 늘어가고, 정말 연락다운 연락을 주고받는 분들은 한 손에 꼽힐 정도였으니까요. '이게 무슨 네트워킹이야?' 같은 생각이 들곤 했습니다.

하지만 관점을 한번 바꿔보세요. 네트워킹의 핵심

은 '사람을 많이 아는 것'이 아니라 '적절한 순간에 연결될 수 있는 사람을 한 명이라도 갖는 것'에 있습니다. 마케팅 업계에서는 관계 자체가 어마어마한 자산이 됩니다. 이직이나 커리어 전환을 고려한다면 더더욱 그렇죠.

추천이 곧 기회가 되는 시대

요즘 채용은 공고보다 추천으로 시작되는 경우가 많습니다. 공고를 올리기 전부터 "혹시 이런 포지션에 어울릴 만한 사람 알아요?"라는 말을 던져 인재를 탐색한다는 뜻이에요. 심지어 티오T/O가 없어도 '기회가 생기면 함께 일하고 싶다'는 이유로 미리 사람을 봐두는 경우도 왕왕 있습니다.

아예 팀 단위로 이직하는 사례도 많아졌습니다. 팀장이 이직하면 함께 일하던 동료가 한두 명씩 따라가는 식이죠. 기업 입장에서는 이미 호흡이 맞는 팀의 DNA를 그대로 들여오는 셈이니, 효율적이고 안정적인 선택입니다.

이런 추세에는 기업 문화의 영향도 커요. 내가 추천한 사람이 입사해 일정 기간 근무하면 추천자에게 수십만 원에서 많게는 100만 원 이상의 보상금이 주어지는 '추천 보상 제도'가 확산되었거든요. 현실적 인센티브 덕에 좋은 사람을 추천하려는 흐름도 강해진 겁니다.

세부 사항은 다르지만 이 사례들의 핵심은 같습니다. 요즘은 채용에까지 종종 네트워킹이 관여합니다. 평소에 관계를 어떻게 유지하느냐에 따라 커리어의 판도가 바뀔 가능성이 커진 거예요.

그렇다면 이렇게나 중요한 네트워킹, 어떻게 시작할 수 있을까요?

네트워킹은 둘로 나뉜다

네트워킹은 크게 두 갈래로 나뉩니다. 외부 네트워킹 External Networking과 내부 네트워킹Internal Networking이에요. 지금부터 각 카테고리의 특징과 전략을 하나씩 살펴봅시다.

네트워킹의 두 갈래 길

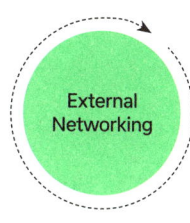

외부 네트워킹

- 회사 밖에서 맺는 관계
- 함께 목표를 만드는 경험이 핵심
- 뜻밖의 기회를 적극 포섭할 수 있음
- 얕고 넓은 관계보다 밀도가 중요

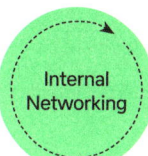

내부 네트워킹

- 지금 함께하는 동료와의 연결성
- 다음 커리어를 만드는 직접적 고리
- '함께 일하고 싶은 사람'이라는 인상 남기기
- 가장 신뢰도 높은 추천은 내부에서 온다

1. 밖에서 연결되는 기회

외부 네트워킹External Networking은 말 그대로 회사 밖에서 맺는 관계입니다. 스터디, 강연, 커뮤니티, 콘퍼런스, 프로젝트가 여기에 포함되죠.

얼핏 이 활동들은 단순히 '사람을 만나는 행사'로 보입니다. 하지만 진짜 핵심은 달라요. '나와 비슷한 문제의식으로 움직이는 사람들과 교류하는 장'으로 생각해야 합니다. 명함을 주고받는 걸 넘어 작은 목표를 함께 만들어내는 경험이 중요합니다. 명함 수십 장보다도 한 번의 공동 프로젝트가 인상에 더 오래 남아요.

저도 네트워킹을 위해 애쓰던 초기 시절에는 어느 커뮤니티에 들어가도 어색하기만 했습니다. '내가 여기서 뭘 얻을 수 있지?' 하는 걱정만 늘어갔고요. 그러던 어느 날, 마케터들끼리 실무 고민을 공유하는 스터디에 가보고서 생각이 바뀌었어요. 비슷한 시기에 비슷한 어려움을 겪는 사람들이 모이니 서로의 시행착오가 바로 인사이트로 변하더라고요. 그 안에서 자연스레 신뢰가 쌓였고, 이후에는 채용 정보 교환이나 협업 제안으로까지 모임의 성격이 확장되었습니다.

나아가 외부 네트워킹은 '기회를 발견할 확률'을 높이는 과정이기도 합니다. 한 사람의 연결이 또 다른 문을 열어요. 실제로 저는 강연을 통해 만난 분과 콘텐츠 협업을 진행했는데, 그 인연이 몇 년 뒤 새로운 프로젝트 제안으로 돌아왔습니다. 단 한 번의 유의미한 교류가 장기적인 커리어 자산으로 이어진 사례입니다.

이처럼 외부 네트워킹의 핵심은 넓이보다 깊이, 빈도보다 밀도입니다. 한 번의 대화라도 진심을 담아 나눴다면 그 관계는 쉽게 잊히지 않아요. SNS 팔로워 1,000명보다 함께 성장 고민을 나눠본 단단한 3명의 네트워크가 압도적으로 강력합니다.

2. 가장 강력한 연결은 내부에서

외부보다 중요한 건 내부 네트워킹Internal Networking입니다. 지금 함께 일하는 팀원, 사수, 동기와의 관계가 커리어의 열쇠예요. 많은 분들이 '외부 인맥'에만 집중하지만, 실제로 다음 커리어를 만들어주는 건 지금 나와 일하는 사람들입니다. 가장 신뢰도 높은 추천은 내부에서 나오거든요. '같이 일해보니 이 사람은 믿을 수 있는 인재였다'는 한 줄의 보증은 어떤 화려한 스펙보다 강력합니다. 인사 담당자에게는 수십 장의 이력서보다도 눈길을 끄는 요소가 돼요.

이런 맥락에서 저는 '최고의 네트워킹은 일을 잘하는 것'이라고도 생각합니다. 업무를 제때 마무리하고, 약속을 지키고, 협업 상대에게 신뢰를 주는 동료. 이런 사람은 조직 안에서 빠르게 성장하거든요. 사람들은 본능적으로 '함께 일하고 싶은 사람'을 기억하고요.

내부 네트워킹은 좋은 관계를 유지하는 것 이상의 의미를 지닙니다. 조직 내에서 나의 평판을 관리할 수 있는 도구입니다. 다른 팀의 프로젝트에 자발적으로 협조해 도움을 주거나 후배의 업무를 도와주는 태도는 작은 행동이지만 멋진 인상을 남기죠. 그렇게 쌓인 신뢰는 예상치 못한 순간에 기회로 찾아와요.

네트워킹의 본질

네트워킹의 본질은 사람을 관리하는 게 아닙니다. 나의 신뢰도를 관리하는 일이에요. 관계 속에서 차곡차곡 신뢰를 확보해가면 됩니다. 그리고 관계는 전략이 아닌 진정성으로 접근할 때 한층 깊은 울림을 남기죠.

이제 네트워킹은 빠르게 변하는 업계의 물살 속에서 살아남는 방법이 되었습니다. 막연한 두려움을 거두고, 진심 어린 연결의 초석을 쌓아보세요. 좋은 사람과 일하는 기회를 스스로 만들 때입니다.

채용 시장에서 정보가
그렇게 중요한가요?

채용 시장만큼 정보의 불균형이 심한 곳도 드뭅니다. 우리는 입사 지원을 할 때 우리가 가진 모든 경험을 꺼냅니다. 그리고 해당 기업과 직무에 맞게 열심히 수정하고 포장하는 작업을 거치죠. 우리의 정보를 전부 보여주는 셈입니다.

하지만 반대로, 우리가 지원하는 기업에 대해서는 파악할 방법이 거의 없습니다. 실무자가 아닌 이상 해당 기업이 당면한 문제나 팀의 분위기, 리더의 스타일, 업무의 우선순위처럼 세세한 항목을 알긴 힘든 법이니까요.

이런 불균형은 분명 지원자에게 불리한 상황입니

다. 요즘 많은 지원자가 커피챗*을 요청하거나 링크드인·커뮤니티를 통해 내부 사정을 탐색하려는 이유도 여기에 있습니다. 이건 절대 편법이 아니에요. 정보를 모으는 행동은 불공정이 아니라 영리한 준비입니다.

적극적인 커피챗은 정보의 사다리

몇 년 전, 저는 정말 입사하고 싶었던 커머스 플랫폼의 면접을 앞두고 있었습니다. 실무 역량은 자신 있었어요. 그렇지만 해당 회사의 분위기와 방향성 그리고 면접관의 성향은 짐작하기 어려웠습니다. 마침 그 회사에 재직 중인 지인이 있어 조심스레 커피챗을 요청했죠.

그분은 제가 지원한 팀과는 조금 거리가 있는 부서

---

* **커피챗** Coffee Chat　부담 없이 커피를 마시며 이야기를 나누는, 일종의 비공식 미팅이에요. 주니어는 현직자와 커피챗을 통해 '진짜 실무 이야기'를 들을 수 있어요.

에서 일하는 분이었습니다. 하지만 최근 캠페인의 기획 의도와 내부 조직의 분위기, 해당 회사가 중요하게 생각하는 KPI 등은 충분히 전해 들을 수 있었어요. 덕분에 지원 동기부터 시장 분석, 실무 경험 연결까지 훨씬 구체적으로 준비하는 게 가능했고, 실제 면접에서 '우리 조직에 대한 이해도가 높다'는 피드백을 받았습니다. 정보 하나가 면접의 흐름을 바꾼다는 걸 체감한 순간이었습니다.

제가 반대의 입장이 된 적도 있어요. 한 주니어 마케터 분이 첫 이직 면접을 앞두고 제게 커피챗을 요청했습니다. 이야기를 들어보니 그분은 신입 면접 때처럼 인성 위주의 답변만 준비했더라고요. 시장의 상황은 물론 기업의 실제 고민, 즉 '우리의 문제를 이 지원자가 풀 수 있을 것인가'를 파악하지 못해 방향을 놓친 상태였습니다. 다행히 면접 전에 접근법을 바꾸면서 긍정적인 결과를 얻을 수 있었습니다.

실무 TIP 커피챗을 요청할 때는 정보 수집이 목적이라는 점을 명확히 밝히세요. 솔직한 태도가 오히려 긍정적으로 작용합니다.

정보를 활용하면 운도 전략이 된다

물론 정보만으로 모든 게 결정되진 않습니다. 면접에는 언제나 '운'이 존재해요. 같은 답변을 해도 면접관이 누구냐에 따라 평가가 달라지고, 분위기나 호감도 같은 비정량적 요소도 작용합니다. 다만 정보를 통해 확률을 높이는 일은 얼마든지 가능합니다. 면접관의 경력, 기업의 비즈니스 방향성, 최근 캠페인 사례 등을 미리 파악하면 최소한 '이 회사가 중요하게 생각하는 포인트'는 이해할 수 있으니까요.

커피챗 외에도 방법은 무궁무진합니다. 저는 면접관의 이름을 여기저기 서치하기도 해요. 발표된 자료 혹은 인사이트를 나누는 SNS를 통해 일하는 방식과 관점을 미리 파악하는 식이죠. 기업 후기를 공유하는 잡플래닛 등의 플랫폼도 큰 도움이 됩니다. 여러분도 가능한 정보를 알차게 활용해보세요. 사전 탐사가 주는 도움은 분명 적지 않습니다.

실무 TIP 재직자들의 기업 후기를 체크할 때는 극단적인 의견보다도 공통된 키워드에 주목하세요. 반복되는 단어가 조직의 문화를 대변해줍니다.

선배들에게 도움을 구하고 싶은데,
무턱대고 DM 보내도 괜찮을까요?

저는 약 6년간 마케팅이라는 주제로 다양한 활동을 펼쳐왔어요. 그만큼 수많은 분들과 인연을 맺었고요. 그러다 보니 고민이 있는 마케터 분들이 인스타그램이나 이메일로 상담 요청을 제법 보내옵니다. 실시간으로 꼬박꼬박 답변하긴 어렵지만, 빠짐없이 회신하며 도움이 되려 노력해요. 가볍게 끝나는 경우도 있고 온라인 미팅을 따로 잡아 40분에서 1시간 정도 심도 깊은 상담을 나누기도 하죠.

얼마 전에는 팀에 새롭게 입사한 팀원이 다가와 '예전에 커리어 전환을 고민하며 상담을 받았었다'고 밝히기도 했어요. 오프라인 행사에서도 종종 '상담 감사했다'며 먼저 다가오는 분들을 만나고요. 세상이 참 좁다는 걸 실감하는 순간입니다.

제가 이런 활동을 이어가는 이유는 간단합니다. 누군가를 도와야 한다는 사명감보다는, '함께 성장하는 관계가 결국 나를 더 단단하게 만든다'는 사실을 알기 때문입니다. 제 성과와 배움에는 늘 다른 이들의 조언과 도움 그리고 상호작용이 있었어요. 그러니 저 또한 제 경험을 숨기지 않고 나누는 것을 자연스러운 책임으로 여깁니다.

나눔은 배움의 또 다른 형태

"지식은 나누면 더 커지고, 공유하면 단단해진다."

20년 차 기획자 '맥비'님을 인터뷰하며 들은 말입니다. 저는 종종 이 문장을 곱씹으며 유튜브 채널을 시작한 이유를 상기하곤 합니다. 누군가에게 알려주는 과정은 결국 제가 가장 많이 배우는 시간이거든요. 설명하려면 정리해야 하고, 정리하려면 완전히 이해해야 하니까요.

실제로도 저는 콘텐츠를 만들 때 공유의 목적만큼이나 '복습'에 방점을 찍습니다. 알려주는 과정을 통해 제 사고가 정돈됨을 느낍니다. 그 정돈이 다시 실무에 도움을 주고요. 나눔을 시작하는 순간, 비슷한 가치관을 가진 사람들이 자연스럽게 모여들어 배움의 생태계를 형성하기도 합니다.

제가 하고 싶은 말도 이 맥락 안에 있습니다. 두드리면 생각보다 문이 쉽게 열려요. 저뿐만 아니라 많은 분이 지식을 나누고 다시 배우는 일이 얼마나 큰 동력이 되는지를 알고 있습니다. 물론 모두가 응답하지는 않겠죠. 하지만 여러분이 상상하는 최악의 상황처럼 모두가 등을 돌리지도 않습니다.

일단은 '누군가는 내 손길에 응답할 것이다'라는 가능성을 믿어보세요. 정보와 네트워킹은 의외로 가까이 있습니다.

'두드리면 열리는 문'을 찾는 네 가지 전략

문을 두드리는 방법도 중요합니다. 가볍게 메시지를 보낸다고 전부 마음을 활짝 열진 않겠죠. 당연하게 요구하는 듯한 메시지, 상대의 시간이나 상황을 고려하지 않은 부탁은 오히려 열린 마음을 닫히게도 만듭니다. 긍정적인 마음을 가지되 메시지에는 진심과 예의를 담아야 합니다. 몇 가지 구체적인 팁을 함께 알아볼까요?

1. 상대의 발자취를 먼저 이해할 것

도움을 요청하기 전, 그 사람의 맥락을 이해하는 시간을 가지세요. '이 사람은 유명하니까 한번 보내보는 거야', '이 업계에서 잘나가고 친절하니까 본론부터 꺼내도 되겠지?' 같은 태도는 진정성을 흐리게 만들어요. 반대로 '○○님의 글을 읽어봤더니 내 고민과 닮았다', '이 사람이 왜 그런 시도를 했는지 궁금하다'처럼 구체적인 관찰이 담긴 메시지는 그 자체로 설득력을 가집니다. 단적인 예를 들어볼게요.

▶ 1번: 안녕하세요, 스레드 잘 보고 있습니다. 다름이
아니라……

▶ 2번: 안녕하세요, CRM 메시지 관련 강연에서 '정보
성 메시지'라는 표현이 인상 깊었는데요. 제 고민과
비슷한 지점이 있어 상담 요청차 연락드려요……

1번과 2번, 어느 쪽의 요청이 더 밀도 있게 느껴지
나요?

가끔은 '맥락 파악'을 위해 상대의 콘텐츠를 살펴보
다 스스로 답을 깨우칠 때도 있습니다. 상대의 업무
스타일이나 사고 과정을 따라가는 과정이 성장을 이
끌어낸 경우예요.

실무 TIP　메시지를 작성할 땐 '인사와 공감→ 목적 밝히
기→ 감사 표현'이라는 세 가지 단계를 충실히 따라보세요.
상대의 콘텐츠에 대한 언급 한 줄이 과장된 인사보다 효과
적입니다.

2. 간절함보다는 구체성을 준비하라

메시지를 보낼 때, 겸손은 필수지만 과도한 자기비하
는 금물입니다. "제가 너무 부족해서요……"라는 표현

은 진심이라 해도 상대에게 정서적 무게감을 줍니다. 그보다는 "현재 제가 이런 상황인데, 방향이 맞는지 조언을 구하고 싶습니다"처럼 구체적이면서 담백한 톤이 좋습니다. 이번에도 간단한 예를 들어볼게요.

▸ 1번: 이직하고 싶은데, 업계 사정이 막막해서 한숨만 나와요. 제 성과도 뭔가 부족한 느낌이고요.

▸ 2번: CRM 직무로 전환을 고민 중이고, 현재 퍼포먼스 캠페인 데이터를 CRM 관점으로 분석하는 연습을 하고 있습니다. 제가 놓친 포인트가 있을까요?

어떤가요? 간절함보다는 준비된 태도를 내세울 때 훨씬 인상적이죠. 이처럼 도움을 요청할 때는 '희망의 온도'를 유지해야 합니다. 모호한 말을 보내는 것보다는 요청의 범위를 좁혀, 한 번에 하나의 질문만 던져 보세요. 한 문장으로 정리된 깔끔한 질문은 상대의 사유를 이끌어내는 단초가 됩니다.

저는 특히 자기 객관화의 틀이 잡힌 분들과의 대화에서 즐거움을 느낍니다. 본인의 문제를 70% 이상 인지하고 있는 사람은 대화를 통해 엄청난 속도로 성장하거든요. 반면 자신이 듣고 싶은 말만 듣고자 하는 분들과는 해결을 모색하기가 어렵습니다. 이는 상담뿐 아니라 협업에서도 동일합니다. 문제를 해결하려면 먼저 문제를 인정할 수 있어야 하니까요.

3. 주는 사람이 되어야 받을 수 있다

마지막이자 가장 근본적인 전략입니다. 평소에 나도 기꺼이 도움을 주는 사람이 되어야 합니다. 관계는 결국 호의의 순환 구조예요. 내가 준 도움은 크기와 시점은 다르더라도 어떤 형태로든 돌아옵니다.

꼭 거창한 도움일 필요도 없어요. 회사 동료에게 내가 써본 CRM 툴의 장단점을 알려주거나 스터디 모임에서 유용한 강연 자료를 공유하는 정도로도 충분합니다. 도움을 요청하는 일 못지않게 도움을 주는 일도 기회를 만들곤 합니다.

이건 단순한 선의가 아니에요. 정보를 나누고 인사이트를 교류하며 긍정적인 에너지를 주고받는 사람일수록 주변에 기회가 모이기 마련입니다. 기버Giver가 많은 조직·커뮤니티가 나날이 강력해지는 이유도 여기에 있죠.

거절을 두려워할 이유는 어디에도 없다

저도 누군가에게 메시지를 보낼 때마다 수십 번을 망설입니다. '보낼까 말까', '이 문장은 너무 무례하지 않을까' 고민하며 화면을 골똘히 들여다보죠. 그리고 문득 깨닫습니다. '나에게 메시지를 보내준 분들도 이만큼의 용기를 냈겠구나.' 문을 두드리는 용기 자체로도 이미 대단하다는 생각이 듭니다.

자신에게 쏟아지는 모든 요청에 응답해주는 사람은 세상에 없습니다. 어떤 사람은 그런 두드림 자체를 불편하게 느낄 수도 있어요. 하지만 그건 우리의 잘못이 아니에요. 거절은 상대의 자연스러운 선택이고, 나의 가치와 무관합니다.

핵심은 용기입니다. 밑져야 본전이죠! 아무것도 하지 않는 것보다는 한 번의 노크가 더 많은 길을 열어줍니다. 지금 두드릴까 말까 고민하는 문이 있다면, 용감하게 다가가 노크해보세요. 의외의 정보가 쏟아질지도 모릅니다.

일을 잘한다는 게
대체 무슨 뜻이에요?

마케터로 입사하는 순간, 우리는 회사의 제품이나 서비스를 시장에 알리고 판매를 견인하는 역할을 도맡습니다. 하지만 아이러니하게도 커리어가 길어질수록 이런 깨달음이 찾아와요. '성과만으로는 조직 안에서 오래 버티기가 힘들겠구나.'

그렇습니다. 성과는 물론 중요하지만, 그 성과를 만들어내는 과정에는 언제나 사람이 있습니다. 마케팅은 나 홀로 완성하는 일이 아니에요. 수많은 이해관계자들의 협력을 요하는 작업입니다. 일정이 빡빡할수록, 관계가 흔들릴수록 성과에도 금이 가기 마련입니다.

"일을 잘한다."

'느낌적인 느낌'으로 통용되곤 하는 이 모호한 표현의 진의도 같은 맥락에서 해설할 수 있습니다. 일을 잘한다는 건 퍼포먼스를 잘 낸다는 뜻이 아닙니다. '사람들과 함께 일하는 방식을 설계하는 능력이 있다'는 의미에 가깝습니다.

함께하고 싶은 동료가 되는 법

다시 간단한 밸런스 게임을 해봅시다. 여러분은 아래의 두 동료 중 누구와 함께하고 싶나요?

▸ 1번: 일은 잘하지만 인성이 별로인 동료
▸ 2번: 일머리는 아직 부족해도 인성 하나는 좋은 동료

이건 인터넷 커뮤니티 등지에서 유명한 난제입니다. 저도 주니어 시절에 장난삼아 동료들과 이야기를 나눈 적이 있고요. 그때 저는 망설이다 전자를 골랐습

니다. '일만 잘하면 괜찮지 않나?'라는 생각을 버리지 못했거든요. 따지자면 업무 스타일도 전자에 가까웠습니다. 목표 달성에 몰두하며 주변과의 협업보다는 '내가 해야 할 일'을 우선시했어요. 실적을 만들어야 한다는 의욕에 타 팀과 마찰이 발생한 날도 있었고, 동료들의 입장을 놓치는 순간도 많았습니다. '그래도 성과는 잘 나왔어, 괜찮아'라는 합리화를 세우던 시절이었어요.

시간이 지나 시니어가 되고, 누군가를 리딩하게 된 지금은 생각이 완전히 달라졌습니다. 이제는 일이 조금 느리더라도 태도가 좋은 동료와 함께 일하고 싶어요. 실무 스킬은 반복하고 익히면 자연스럽게 쌓이는데, '태도'는 반복한다 해서 고스란히 축적되진 않거든요. 겸손함, 경청, 협업하는 자세는 하루아침에 만들어지기 힘든 가치잖아요.

좋은 마케터는 숫자를 잘 만드는 사람이 아니라, 사람과 함께 성장할 줄 아는 사람입니다. 실력은 시간이 해결해주지만 태도는 시간이 증명해줍니다. 당장의 뛰어난 결과보다도 함께 일할 때 '이 사람이라면 믿고 맡길 수 있다'는 신뢰를 얻는 것이 커리어에서의 진짜 경쟁력이에요.

그렇다면 좋은 태도를 기르기 위해선 어떤 기준을 중심에 둬야 할까요? 저의 경험과 동료 마케터들의 이야기를 종합해, 몇 가지 항목으로 정리해봤습니다.

1. 감정 컨트롤까지가 실력이다

캠페인이 갑자기 취소되거나, 내가 준비한 기획안이 다른 팀의 안건으로 대체될 때, 혹은 공을 제대로 인정받지 못할 때. 이런 순간이 쌓이면 마음이 흔들리기 마련입니다. 이때 중요한 건 감정을 없애는 일이 아닙니다. 감정을 '다루는 힘'을 기르는 겁니다.

감정도 실력의 일부입니다. 감정 컨트롤에 실패하면 아무리 기획력이 뛰어나더라도 오래 뛰기 힘듭니다. 실무에서는 종종 감정이 퍼포먼스를 좌우합니다. 상사의 피드백이 거칠다고 느껴질 때는 즉각 행동에 나서기보다는 한 템포 늦게 반응하는 연습을 해보세요. 모든 대답과 대응을 그 자리에서 할 필요는 없습니다. 감정이 들끓더라도 "이 부분은 다시 고민해보겠습니다"로 우선 정리하고, 나중에 차분히 근거를 덧붙여 전달하는 거예요.

감정 컨트롤을 위한 사고법

상황 1	
팩트	오늘 회의에서 아이디어가 채택되지 않았다.
느낌	기분이 나쁘다기보다도, 내 노력이 평가받지 못한 것 같다.
대응	다음 회의에서는 근거 자료를 조금 더 강화해보자.
상황 2	
팩트	공들여 기획한 이벤트가 갑자기 우선순위에서 밀려 일정이 통째로 변경되었다.
느낌	지난 몇 주 동안 들인 에너지가 아깝고 허무하다.
대응	이미 만들어놓은 자산은 잘 보관해두자. 지금의 우선순위에 집중해 영향력을 쌓으면 다음 이벤트를 더 능숙하게 진행할 수 있을 테니까.

실제로 뛰어난 리더들은 감정이 끓는 순간마다 결정을 미루는 습관이 있습니다. 감정이 진정된 다음에 내리는 결정이 대부분 더 합리적인 방향으로 흘러가기 때문이죠. 여러분도 얼마든지 감정의 주인이 될 수 있습니다. 불쾌하거나 억울한 감정이 들면 일단 한 발물러선 후 '팩트 → 느낌 → 대응'의 세 가지 단계로 머릿속을 정리해보세요.

2. 중요한 건 승부가 아니다

마케팅 조직은 개인의 경쟁보다 프로젝트 단위의 협업 결과로 평가받습니다. 그래서 '내 아이디어가 왜 안 통했을까?'보다도 '팀 전체가 왜 이 방향을 선택했을까?'를 이해하려는 태도가 중요합니다.

저도 주니어 시절에는 늘 불만이 많았습니다. '왜 내가 낸 안이 채택되지 않았지?', '왜 승진은 저 분이 하게 된 거지?' 같은 생각이 끊이지 않았죠. 하지만 시간이 지나며 서서히 깨달았습니다. 조직은 이기는 사람보다 '함께 갈 수 있는 사람'을 원한다는 걸요.

팀이란 끝내 '이 사람과 다시 일하고 싶은가?'로 정의됩니다. 단기적인 승부에서는 지더라도, 신뢰 중심으로 움직이는 태도만 보여준다면 커리어는 이어지기 마련입니다. 장기적으로 모든 마케터는 결과보다 태도로 기억되거든요. 의견이 맞지 않아도 상대를 존중하고, 필요할 땐 먼저 사과하는 사람. 이런 사람은 기회와 연결이 끊이지 않습니다.

실무 TIP 상사나 동료의 결정이 도무지 이해되지 않을 때가 있죠? 그럴 땐 '아니, 왜 저렇게 하지?' 대신 '저 결정의 배경은 뭘까?'를 고민해보세요. 맥락을 이해하는 습관이 일머리의 첫걸음입니다.

3. 팀에서 늘 필요한 사람이 되는 법

좋은 관계를 구축하는 법은 특별하지 않습니다. 관계의 본질은 실력과 신뢰의 합이에요. 겉으로만 친해지려 애쓰기보다, '함께 일할 때 편한 사람'이 되어야 합니다. 착한 사람으로 거듭나라는 뜻이 아니에요. 일정을 명확히 공유하고, 피드백을 깔끔하게 반영하며, 약속한 결과물을 믿을 수 있게 만드는 사람. 즉 일의 혼란을 줄이고 효율을 높여주는 사람이 되어야 합니다.

우선은 본인의 마감과 품질 기준을 스스로 정하고 지켜내는 역량을 길러보세요. 상사가 시키지 않아도 스스로 일정과 결과물을 관리해봅시다. 나아가 피드백을 받을 때도 "네, 알겠습니다"보다 종종 "말씀하신 부분을 이렇게 수정하면 어떨까요?"로 응답해보세요. 단순 복종이 아닌 '협업하는 파트너'로서 응하는 거예요.

일은 결국 사람이 합니다. 좋은 동료가 되면 길은 저절로 열립니다. 성과보다 관계, 속도보다 신뢰를 최우선에 둡시다.

부록

현직 마케터들의
이직 통계 리포트

혼란스러운 이직 시장의 가이드라인을 마련하기 위해, 현직 마케터들에게 이직과 연봉을 묻는 설문조사를 실시했습니다. 응답한 분들의 직무는 CRM·그로스·퍼포먼스·콘텐츠 마케터부터 AE까지 다양합니다. 현직자들의 진솔한 답변을 참고해 여러분만의 커리어 로드맵을 그려보세요.

조사 기간　2024년 8월~2025년 1월(온라인 설문)
응답자 수　총 194명

▶ **응답한 마케터들의 경력**(년차)

10년 차 이상	18명
9년 차	6명
8년 차	10명
7년 차	18명
6년 차	15명
5년 차	17명
4년 차	19명
3년 차	37명
2년 차	28명
1년 차	26명

※ 비율은 소수점 둘째 자리에서 반올림했고, 응답별로 특이사항이 있는 경우 별도 기입했습니다.

'이직할 결심'에 대하여   🔍

▶ **입사 후 얼마 만에 이직을 결심했나요?**

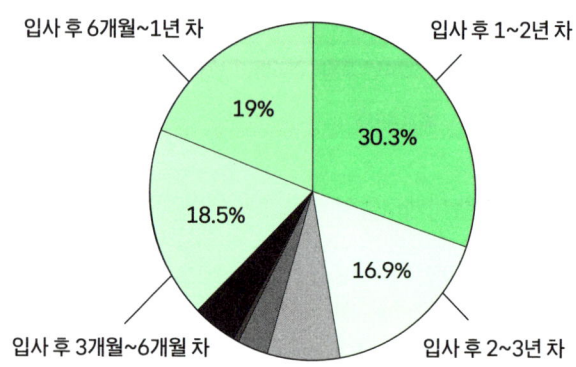

입사 후 3개월 미만	4.6%
입사 후 3개월~6개월 차	18.5%
입사 후 6개월~1년 차	19%
입사 후 1~2년 차	30.3%
입사 후 2~3년 차	16.9%
입사 후 3~5년 차	7.2%
입사 후 5년 차 이상	3.1%
기타(경험이 없음 등)	0.5%

응답자의 약 30.3%가 입사 후 1~2년 차에 이직을 결심했습니다. 총 42% 정도의 응답자가 1년 미만의 시기에, 16.9%는 2~3년 차에 이직 결심을 세웠죠. 즉 70%가 넘는 응답자가 입사 후 1~2년 차 이전에 이직을 고민하기 시작했다는 겁니다.

입사 1년 전후 이직이 보편화되고, 커리어 중심 사고가 조직에 대한 충성보다 우선시되는 추세입니다. 이런 흐름의 이유는 뭘까요?

▶ **이직을 결심한 이유는 뭔가요? (중복 응답 가능)**

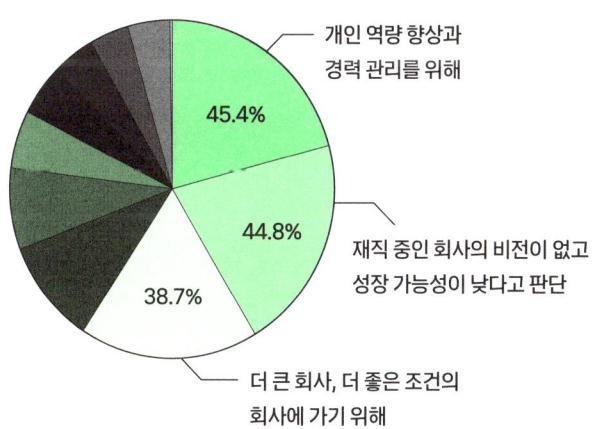

개인 역량 향상과 경력 관리를 위해	45.4%
재직 중인 회사의 비전이 없고 성장 가능성이 낮다고 판단	44.8%
더 큰 회사, 더 좋은 조건의 회사에 가기 위해	38.7%
현재 연봉이 불만족스러움	22.2%
업무 과다, 잦은 야근 등 근무 환경	17%
회사의 경영 악화, 권고사직, 계약 만료	11.9%
직무를 변경하고 싶어서	10.8%
함께 근무하는 동료/상사와의 불화	8.8%
직무가 맞지 않아서(성취감이 낮아서)	8.8%
더 좋은 조건의 제의를 받음	8.8%
기타*	0.5%

* 리더의 능력에 대한 불만과 불신, 다른 산업을 경험하고 싶어서, 새로운 업종에 도전하고 싶어서 등

가장 많았던 대답은 개인 역량 향상 및 커리어 성장(45.4%), 그 다음이 회사의 성장 가능성이 낮다고 판단한 경우(44.8%)였습니다. 지금보다 더 좋은 회사에 가고 싶어 하는 응답자는 38.7%였죠.

이처럼 마케터의 이직은 '불만족의 탈출'이기도 하지만, '성장을 향한 이동'이기도 합니다. 개인의 역량

과 회사의 성장이 정체되고 있음을 동시에 체감하며 더 나은 환경을 위해 능동적으로 움직이는 분들이 많습니다.

▶ **이직을 준비하는 걸 주변에 알리는 편인가요?**

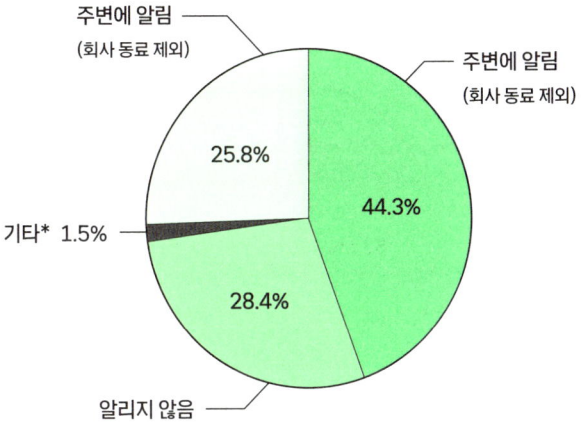

주변에 알림
(회사 동료 제외)

주변에 알림
(회사 동료 제외)

25.8%

44.3%

기타* 1.5%

28.4%

알리지 않음

* 아직 관련 경험이 없음, 확정된 후에만 알림, 정말 마음을 먹었을 땐 그 누구에게도 알리지 않음 등

이직에 관해서는 회사 동료를 제외한, 가까운 지인에게만 알리는 응답자가 많았습니다. 반대로 알리지 않는다고 답한 비율은 28.4%였어요.

마케터들은 여전히 '이직을 조용히 준비하는 일'로

인식한다는 사실을 알 수 있습니다. 리스크를 최소화 하면서 신뢰할 수 있는 좁은 인맥 중심으로만 공유하는 경향이 뚜렷하죠.

▶ **어떤 방식으로 이직을 준비했나요?**

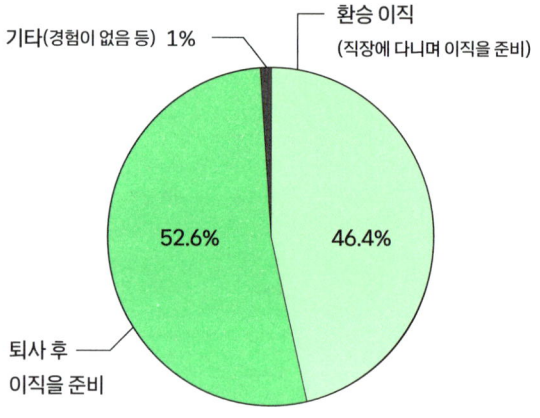

이직을 준비하는 방식으로는 '퇴사 후 준비'(52.6%)가 높았습니다. 안정보다 몰입을 택하는 전략형 이직이 주류임을 확인할 수 있습니다.

▶ **이직 준비 시 현직자 혹은 유관자에게 도움을 요청한 적이 있나요?**

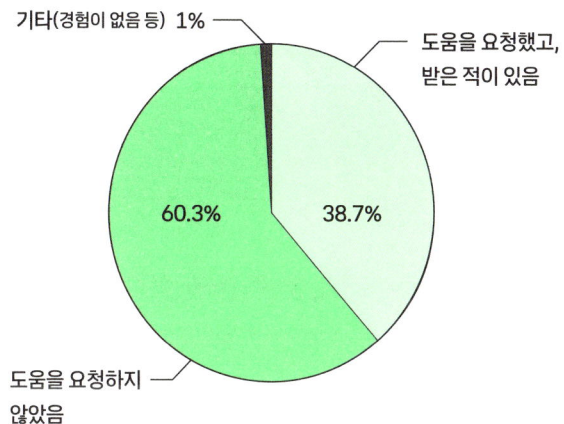

이직을 준비하면서는 현직자나 유관자에게 도움을 요청하지 않은 응답자가 더 많았습니다. 마케터의 이직은 여전히 '개인 플레이' 중심임을 알 수 있죠. 정보 접근성은 높아졌지만, 직접 도움을 구하는 문화는 제한적인 듯합니다.

▶ **이직 준비 시 현직자 혹은 유관자의 조언이 도움이 되었나요?** ('도움을 요청한 적이 있다'고 답한 응답자 대상)

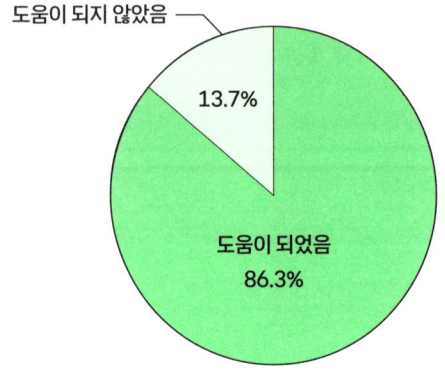

도움을 구한 마케터 중 86.3%가 현직자 혹은 유관자의 조언이 '도움이 되었다'고 밝혔습니다. 도움을 구하는 비율 자체는 아직 압도적으로 높지 않지만, 그 효과는 강력함을 시사하는 항목입니다. 현직자의 조언은 실제 이직 성공률과 준비의 효율을 높이는 숨은 결정 변수로 작용하고 있습니다.

앞선 장에서 제가 도움을 구하는 일을 주저하지 말라고 힘주어 말한 것도 같은 맥락에서 이해할 수 있습니다. 상상 이상의 인사이트를 얻을 가능성이 크니, 용기 내어 문을 두드려보세요.

▶ 이직을 결심하고, 성공하기까지 걸린 시간(준비 기간)은
얼마 정도인가요?

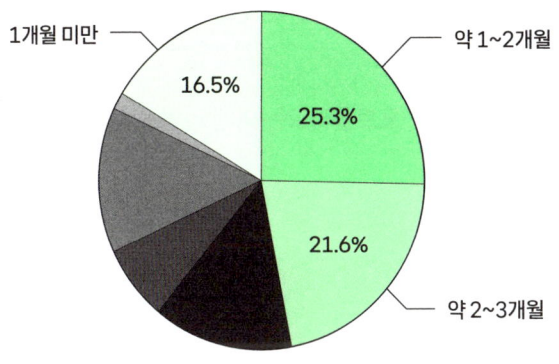

1개월 미만	16.5%
약 1~2개월	25.3%
약 2~3개월	21.6%
약 3~4개월	13.9%
약 4~5개월	7.2%
6개월 이상	13.9%
기타(아직 경험이 없음 등)	1.5%

　　이직 결심 후 성공까지는 1~2개월 정도가 소요되
었다고 답한 비율이 25.3%였습니다. 2~3개월 내 이
직 성공률은 21.6%였고요. 이는 마케터의 평균 이직

사이클이 약 2개월 내외로 압축되고 있음을 보여줍니다. 시장의 속도가 빨라지며 기회 포착-면접-이동까지의 리드 타임도 짧아진 겁니다.

▶ **이직 준비 시, 포트폴리오는 어떤 파일로 구성하나요?**

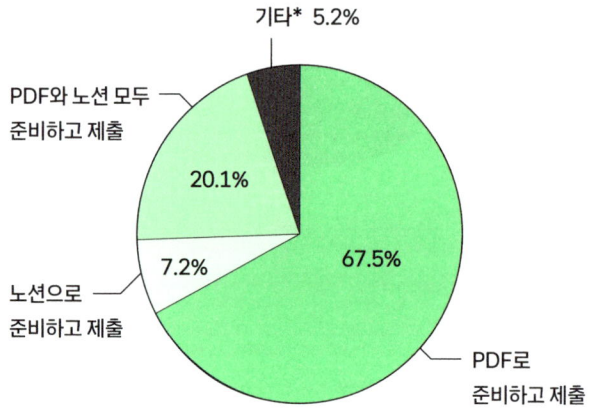

기타* 5.2%

PDF와 노션 모두
준비하고 제출

20.1%

노션으로
준비하고 제출

7.2%

67.5%

PDF로
준비하고 제출

* 제출하지 않음, 둘 다 준비는 했으나 특정 포맷만 제출 등

이직할 기업에 제출하는 포트폴리오 형식은 PDF 포맷이 가장 많았습니다. 노션을 적극적으로 활용하는 케이스도 눈에 띄고요.

여전히 PDF 포트폴리오는 표준 포맷이지만, 점차 노션-웹 기반 포트폴리오도 확장되며 디지털 전환의 흐름이 나타나고 있습니다.

▶ **이직 면접 시 '퇴사 및 이직 사유'가 중요하다고 생각하나요?**

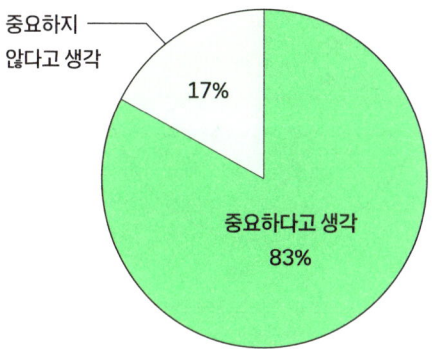

이직 면접 자리에서의 단골 주제는 '퇴사한 이유(혹은 이직하려는 이유)'를 묻는 질문이겠죠. 설문에 응답한 마케터 대부분은 이 질문을 유의미하게 생각하고 있습니다. 이직의 이유가 곧 프로페셔널리즘의 지표로 읽힌다고 보는 겁니다. 이유의 진정성과 논리성이 신뢰를 좌우한다고 여기는 셈인데요. 그렇다면 이렇게 중요한 질문에, 마케터들은 어떤 대답으로 응하고 있을까요?

▶ 이직 면접 시 '퇴사 및 이직 사유'를 거짓말한 적이 있나요?

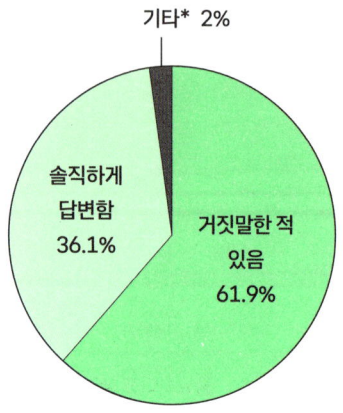

기타* 2%

솔직하게
답변함
36.1%

거짓말한 적
있음
61.9%

* 경험이 없음, 많은 사유 중 공감할 수 있는 부분 위주로 공유함 등

퇴사 사유를 묻는 질문에 솔직한 대답을 공유한 마케터는 36.1% 정도였습니다. 흥미로운 점은 거짓말 경험이 있는 마케터가 상당히 많았다는 사실입니다. 3명 중 2명은 솔직함보다는 전략적인 처세를 택했습니다. 면접에서 진실을 완화하거나 각색하는 방어적 커뮤니케이션을 활용한 겁니다. 중요하게 여기는 질문인 만큼, 대답을 신중히 골라야 할 필요를 느낀 것으로 보입니다.

▶ **이직을 결정하고 얼마 만에 이전(기존) 회사에 사실을 통보했나요?** (응답자 105명)

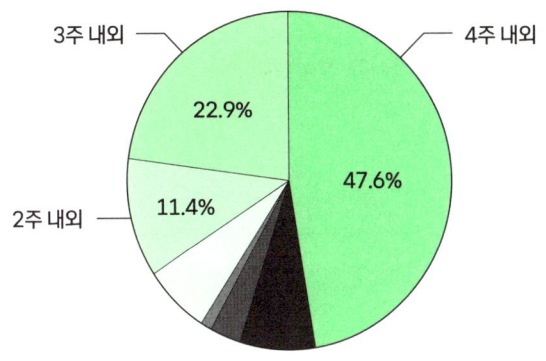

1주 내외	6.7%
2주 내외	11.4%
3주 내외	22.9%
4주 내외	47.6%
2개월 내외	7.6%
3개월 내외	2.9%
기타	1%

절반에 가까운 47.6%의 응답자가 이직이 결정된 후 4주 내외에 기존 회사에 통보하는 것을 택했습니다. 조직과의 관계를 적정하게 관리하는 기간으로 1개월 전후가 선호됨을 알 수 있습니다.

▶ **어떤 경로로 이직에 성공했나요?**

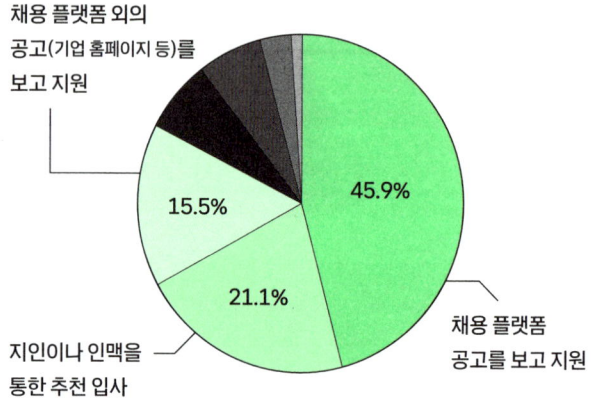

채용 플랫폼 공고를 보고 지원	45.9%
지인이나 인맥을 통한 추천 입사	21.1%
채용 플랫폼 외의 공고(기업 홈페이지 등)를 보고 지원	15.5%
헤드헌터를 통해 입사	7.2%
스카우트 제의를 받음	6.2%
기타*	3.1%
기업 인재풀 등록 후 제안	1%

* 대표 직접 컨택, 경험이 없음, 아직 논의하며 준비 중 등

이직 경로로는 여전히 채용 플랫폼이 대세였습니다. 사람인, 잡코리아, 원티드, 리멤버 등이 주된 통로였죠. 지인 추천도 20%대로 적지 않았습니다. 이는 지인 추천과 네트워크의 영향력이 꾸준히 확대되며, '관계 기반 이직'이 부상하고 있다는 증거이기도 합니다. 관계의 중요성이 새삼 상기되는 대목이네요.

▶ **최근 이직 시 가장 중점에 둔 항목은 뭔가요?**
　(중복 응답 가능)

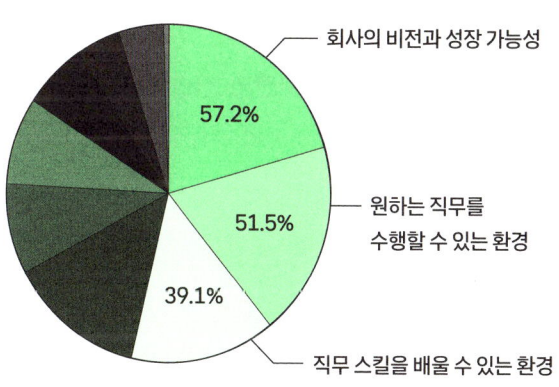

회사의 비전과 성장 가능성	57.2%
원하는 직무를 수행할 수 있는 환경	51.5%
직무 스킬을 배울 수 있는 환경	39.1%

연봉 인상	38.1%
회사의 네임밸류	23.7%
조직 문화	22.7%
워라밸 보장	17.5%
거주지와의 거리	12.4%
사내 복지	11.9%
기타*	1.5%

* 경험이 없음, 일자리가 급해 취업 속도를 우선하여 입사 등

가장 최근의 이직에서 응답자들이 최우선한 항목은 뭘까요? 바로 '회사의 비전과 성장 가능성'(57.2%)이었습니다. 이어서 '원하는 직무를 수행할 수 있는 환경'(51.5%)도 중요하게 봤고요. 앞서 이직을 희망하는 이유로 '개인 역량과 커리어 관리', '회사의 비전이 없고 성장 가능성이 낮다고 판단함'을 꼽았던 것과 겹쳐 보이는 항목입니다. 의외로 회사의 네임밸류를 꼽은 응답자는 23.7%에 불과했습니다.

마케터들은 이제 브랜드보다도 방향을 봅니다. 회사의 성장 가능성과 직무 적합성을 우선하며, 커리어의 확장성을 핵심 기준으로 삼습니다.

▶ 이직 후 연봉의 변화는?

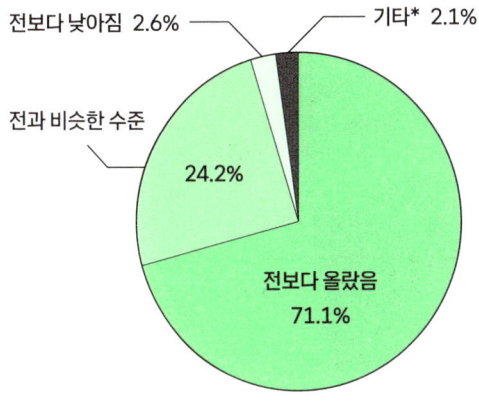

전보다 낮아짐 2.6%

전과 비슷한 수준
24.2%

기타* 2.1%

전보다 올랐음
71.1%

* 경험이 없음, 거주지 변경 문제가 얽혀 있어 하락함 등

연봉은 유의미하게 상승했을까요? 10명 중 7명 정도는 연봉 상승을 경험했다고 답했습니다. 마케터에게 이직은 커리어를 펼치는 도움판이기도 하지만, 여전히 가장 현실적인 보상 전략이기도 합니다.

앞선 질문에서 '이직 시 가장 중점에 둔 항목'으로 크게 고려되었던 부분이 성장 가능성과 직무 환경이었다는 점을 함께 생각하면 더욱 흥미로워요. 커리어와 연봉, 두 마리 토끼를 잡은 마케터가 제법 있다는 뜻이니까요.

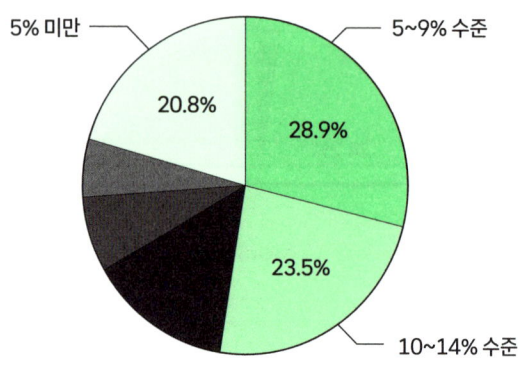

5% 미만	20.8%
5~9% 수준	28.9%
10~14% 수준	23.5%
15~19% 수준	14.1%
20~24% 수준	7.4%
30% 이상	5.4%

어찌 보면 가장 중요한 질문이죠. 연봉 인상폭은 5~9%대였다고 답한 비율이 28.9%로 가장 많았습니다. 그 다음으로 많았던 인상폭은 10~14% 수준이었어요. 어마어마한 상승은 아니지만, 자신의 내·외적

가치를 두루 챙기며 이동하는 마케터들이 많음을 알
수 있습니다.

▶ **다음 이직 시 가장 중점에 둘 항목은 뭔가요?**
  (중복 응답 가능)

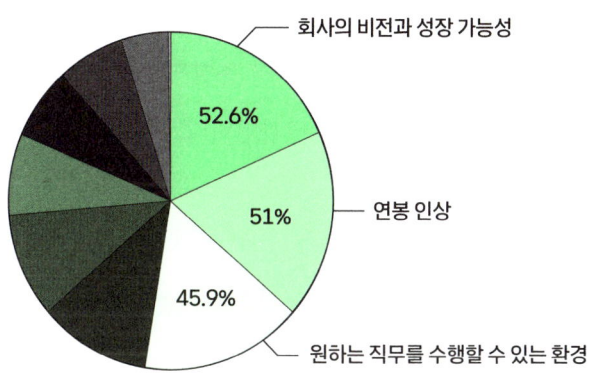

회사의 비전과 성장 가능성	52.6%
연봉 인상	51%
원하는 직무를 수행할 수 있는 환경	45.9%
직무 스킬을 배울 수 있는 환경	31.5%
회사의 네임밸류	28.4%
조직 문화	22.2%
거주지와의 거리	19.6%

워라밸 보장	19.1%
사내 복지	13.4%
기타(담당 프로젝트에 대한 의사 결정권 등)	0.5%

응답자들이 다음 이직 시에 고려하겠다고 힘주어 말한 항목은 역시 '회사의 비전과 성장 가능성'(52.6%)이었습니다. 최근 이직 시 가장 중점적으로 고려했던 항목과 정확하게 동일한 결과입니다. 시대와 세대가 변하고 있다고들 하지만, 마케터들은 여전히 커리어와 성장성에 가장 큰 가치를 두고 있어요.

그 뒤를 이은 것은 '연봉 인상'(51%)입니다. 커리어가 쌓이면 연봉에 대한 고민도 자연히 따라오기 마련이죠. 성장과 보상의 균형점을 중시하는 경향이 엿보입니다. 외에도 '최근 이직 시 가장 중점에 두었던 항목'과 약간씩 차이를 보이는 결과들이 인상적인데요. 한 번(또는 여러 번)의 이직 경험을 통해 마케터들이 새로운 가치와 인사이트를 따져보게 되었다는 사실을 유추할 수 있습니다. 그럼에도 직무 환경에 대한 갈망이 회사의 네임밸류보다 우선시된다는 점은 변하지 않았고요.

▶ 추후 이직 시 희망하는 연봉 인상률은?

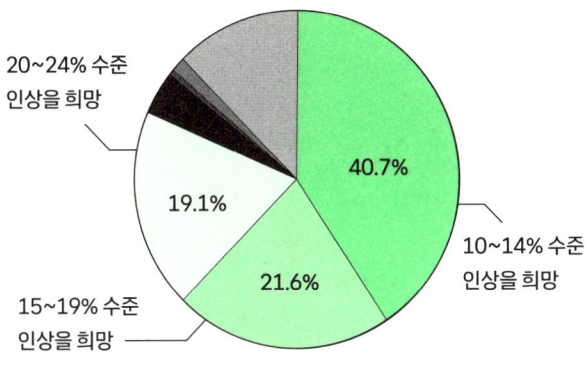

5% 미만 인상을 희망	1.5%
5~9% 수준 인상을 희망	12.4%
10~14% 수준 인상을 희망	40.7%
15~19% 수준 인상을 희망	21.6%
20~24% 수준 인상을 희망	19.1%
30% 이상 인상을 희망	4.1%
금액적인 기준보다 나의 가치에 맞게	0.5%

마케터들의 현실적인 목표는 두 자릿수의 연봉 인상입니다. 이직 시 희망하는 평균 연봉 인상률은 10~14%대가 40.7%로 가장 높았어요. 성과에 맞는 보상을 찾고 싶은 기대치가 반영된 결과입니다.

▶ 새로운 직장에 입사하기까지 어느 정도의 휴식기를
   갖는 편이 적당하다고 생각하나요?

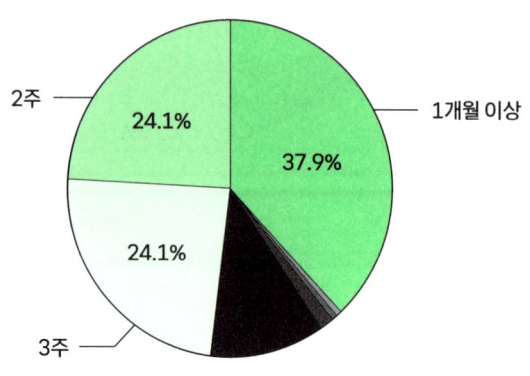

1주 미만	1.5%
1주	11.3%
2주	24.1%
3주	24.1%
1개월 이상	37.9%
최소 3개월	0.5%
특별한 사정이 없다면 휴식기는 불필요	0.5%

그렇다면 퇴사와 이직 전 휴식기는 어느 정도가 적
정할까요? 응답자 중에서는 '1개월 이상'(37.9%)을 꼽
은 분이 많았습니다. 그 다음으로는 2~3주간의 휴식

이 선호되었고요.

확실히 빠른 복귀보다는 회복의 시간을 중시하는 마케터가 많다는 사실을 엿볼 수 있습니다. 번아웃을 회복하고 마음을 리셋한 후 새로운 직장에 적응하는 방식이 효율적이라는 인식이 강해진 겁니다.

포트폴리오 준비가 어렵다면, 참고해보세요!

특별 부록

저의 실제
포트폴리오 예시를
담았습니다.

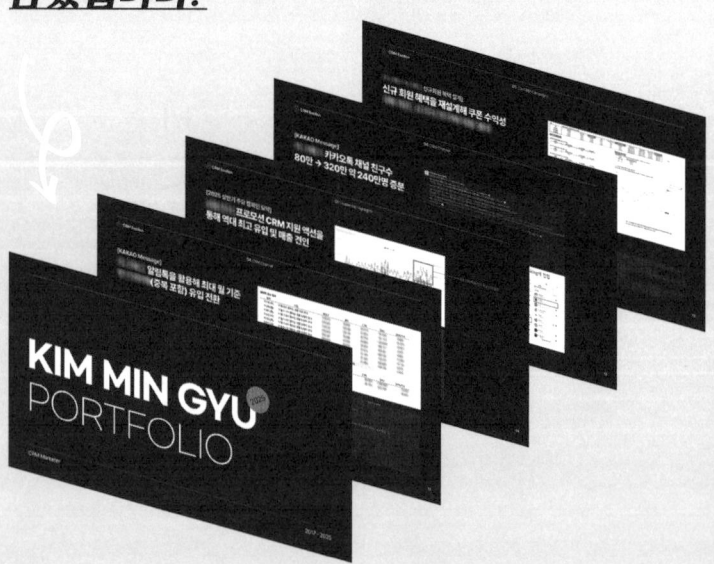

기본 원칙 1. 경험, 성과가 직관적으로 보일 수 있도록 깔끔하게 정리하세요.

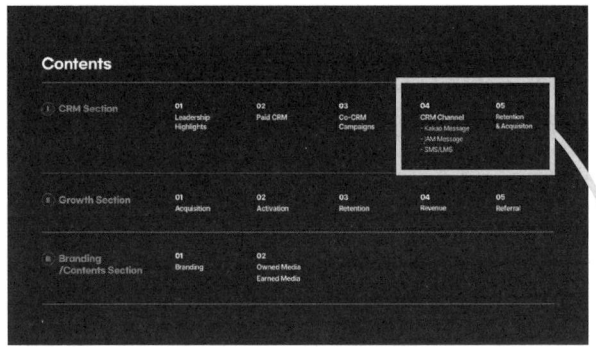

→ 포트폴리오는 논문이나 리포트가 아니에요. 너무 많은 내용을 담으면 이해하기 어려워요.

기본 원칙 2. 지원 공고와 기업에 따라 경험의 배치를 조정하세요.

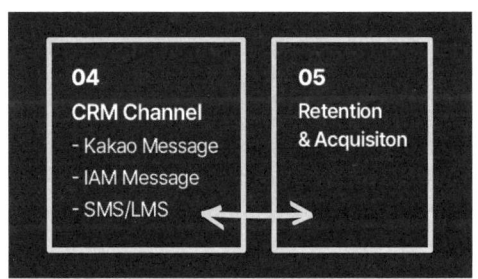

→ 포트폴리오를 레고 블록이라고 생각해보세요. 지원 공고에 맞게 중요한 경험들을 재배치합시다.

구성 요소 살펴보기

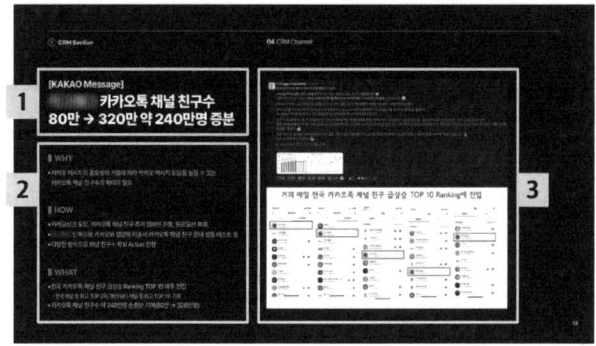

1. 타이틀

각 경험의 타이틀은 성과를 숫자로 표현해 정리하세요.

2. 경험 소개

해당 경험을 진행한 배경, 과정 그리고 성과를 배경 지식이 없는 면접관도 이해할 수 있도록 정리하세요.

3. 이미지

경험을 보여줄 수 있는 대표적인 이미지나 그래프를 함께 첨부해보세요.

▼ 포트폴리오 샘플

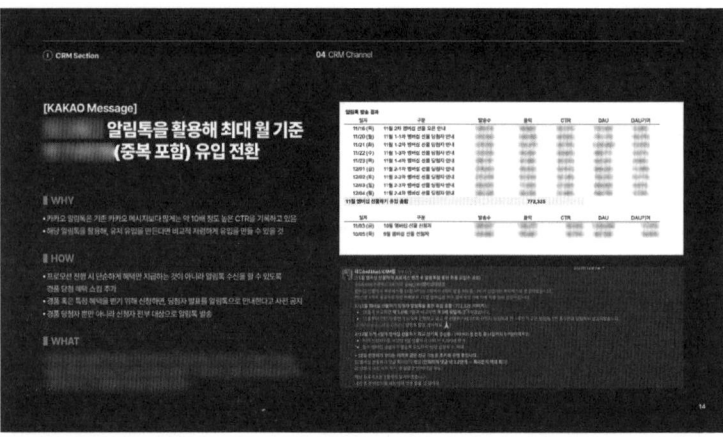

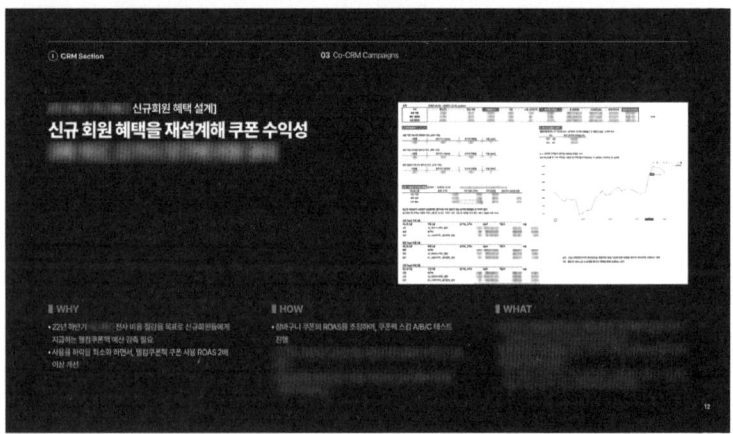

주

---

1   한국경제인협회, "대졸 청년 일자리 현황과 과제", FKI 인사이트, 65호,

    2021.11.18.

2   한국경영자총협회, "2025년 신규채용 실태조사 결과", 2025.03.20.

3   도리스 메르틴, 《아비투스》, 배명자 옮김, 다산초당, 2020.

4   신입사원 자리 꿰찬 AI…"내가 할 일 야금야금 뺏긴다" / 한국경제,

    2025.06.09.

    "24시간 일 시켜도 불평없어"…카카오, 코딩 등 AI로 대체할 업무 신입

    안 뽑는다 / 매일경제, 2025.04.17.

5   한근태, 《일생에 한번은 고수를 만나라》, 미래의창, 2013.

마케터를 키우는 질문들

스스로 성장하고 싶은 마케터가 꼭 던져야 할 27가지 물음표

초판 1쇄 발행 2026년 2월 5일

지은이 김민규
펴낸이 성의현
펴낸곳 미래의창

책임편집 조소희
디자인 공미향·강혜민
마케팅 권장규·정명진·이건효

등록 제2019-000291호
주소 서울시 마포구 잔다리로 62-1 미래의창빌딩(서교동 376-15, 5층)
전화 070-8693-1719 **팩스** 0507-0301-1585
홈페이지 www.miraebook.co.kr
ISBN 979-11-24073-20-9 (03320)

※ 책값은 뒤표지에 표기되어 있습니다.

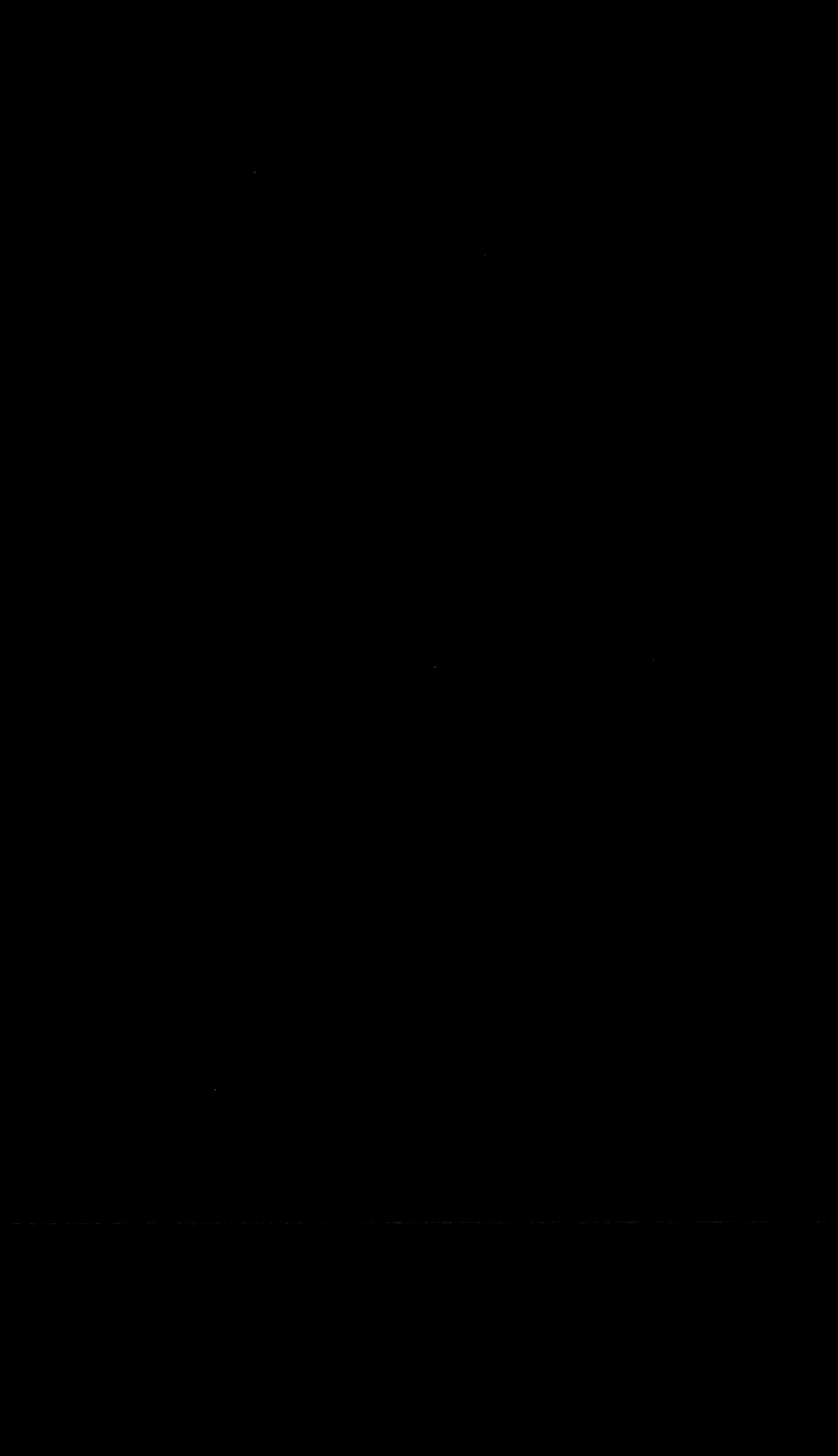

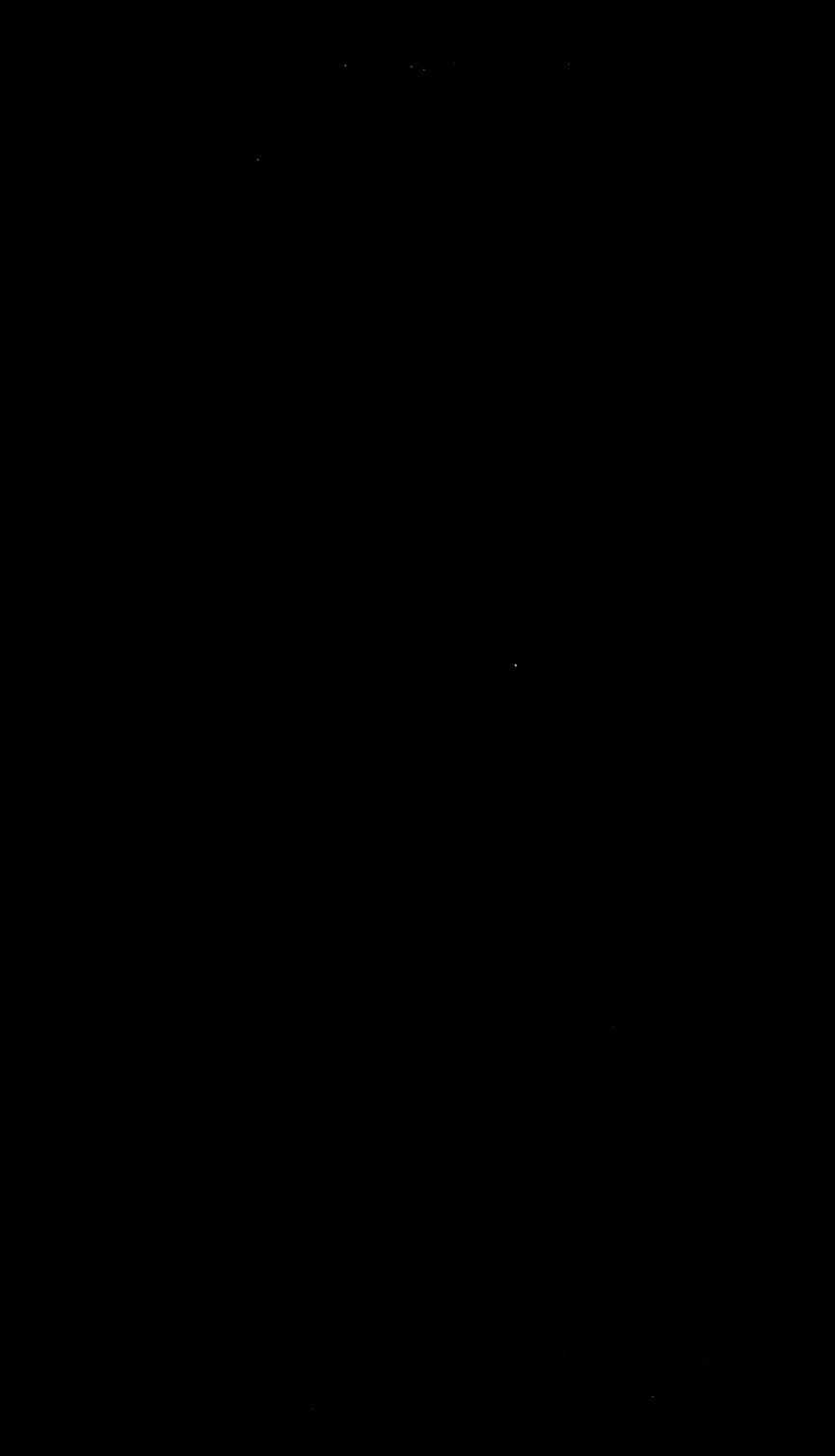